これでいいのか！
日本の民主主義

失言・名言から読み解く憲法

榎澤幸広・奥田喜道・飯島滋明 編著

飯島滋明
石川裕一郎
井上知樹
榎澤幸広
岡田健一郎
奥田喜道
清末愛砂
志田陽子
清水雅彦
長峯信彦
松原幸恵
渡邊 弘

現代人文社

プロローグ

　憲法学者を始めとする多くが違憲と指摘する安保法案を安倍政権が昨（2015）年強行採決したことは記憶に新しいところですが（2016年3月29日施行）、これでもかというぐらい与党側の数多くの失言・暴言（本音？）が目立った国会でもありました。これらは、官僚が用意した原稿に書いてある漢字が単に読めないなんて程度のものではありませんでした（例えば、2008年、麻生太郎元総理による誤読、「頻繁（はんざつ）」、「未曾有（みぞゆう）」、「踏襲（ふしゅう）」が有名〔括弧内が誤読部分〕）。

　すなわち、学生が一般教養科目「法学」の最初で習う程度の基礎知識である、憲法を最高法規とする日本の法体系をまったく理解していなかったり（例えば、礒崎陽輔内閣総理大臣補佐官発言「法的安定性は関係ない」（第1部第12章）や中谷元防衛相発言「現在の憲法をいかにこの法案に適用させていけば良いのか」）、あるいは、意図的に発言し憲法についてあまり知らない民衆に自分たちに都合のよい価値観を刷り込もうとしているようにも見受けられました（例えば、憲法前文に示される「積極的平和」という言葉の意味を異なる意味にすげかえ繰り返し主張した安倍首相発言「積極的平和主義」（第2部第5章））。

　どちらにしろ、これら失言・暴言は、戦後70年、日本国憲法体制下の個人主義、民主主義、平和主義などの重要な概念を悉く破壊する内容を秘めているものでした。実際に、失言・暴言がなされた後、その失言・暴言の方向性に現状が進んでいることをみると（例えば、麻生太郎副総理の「ナチスの手口を学んだらどうか」（第1部第1章））、やはり意図的であるといわざるをえません。

　そこで本書は、新聞やニュース報道で特に騒がれた彼らの失言・暴言を憲法学的に分析するとどういう結論になるか検討してみることにしました（若干の例外はありますが、基本的には昨年の国会時の失言・暴言）。失言・暴言にうんざりしている人や擁護する立場の人からは「揚げ足取り」とか「前後の文脈から悪い意味にはとれない」という意見もあるでしょう。ただ、文脈を大事にすることも必要ですが、それは時と場合によります。例えば、過去に厚生労働大臣が「女性は子どもを産む機械」と発言したことは、現行憲法の人権や男女平等規定、戦時中の「産めよ

増やせよ」スローガン、子を産めないだけで家長に離婚させられる「家」制度の戦前史などをふまえていないため、その言葉を発言しただけで"文脈は関係なしに問題外"です。本書を通じて読者に検討してほしいのは例えば、"その言葉やフレーズのみでアウトなのか否か"、そして、"文脈から見てアウトなのか否か"ということです。

そこで、本書の第1部は、12の失言・暴言を取り上げ、各章でまず失言の背景、次に、その失言を理解する上で重要なキーワード2つを解説しております。

ところで、昨（2015）年の国会は失言が異常に多かった反面、戦後かつてない大規模な国民運動を展開させるに至ったという経緯も忘れてはなりません。SEALDs始め、日本の未来に希望を与える発言（名言）があったのも事実です。したがって、失言と対比させる形で日本の未来に希望を与えると思われる発言を第2部で12取り上げ、やはり各章毎に2つのキーワードと結び付け解説することにしました。

最後に、第3部は、市民側の声の一部として、「憲法9条にノーベル平和賞を」を発案した鷹巣直美氏、SEALDs、安保法制に反対するママの会とのインタビュー記録も掲載しました。

本書をきっかけに、失言する政治家がいなくなり、日本国憲法に基づく国家・社会が作られ人々の生活がよりよくなることを願ってやみません。

2016年4月6日

編者を代表して　榎澤幸広

《本書を読む上での注意書き》

1　昨（2015）年国会内外で飛び交った「安保法案」や「戦争法案」などの言葉は立場により用語使用名が異なりますが（執筆者の間でも意見がわかれました）、本書では、初学者の読者を前提にしていることから、メディアが一般的に使用していると思われる「安保法案」という用語で原則統一しております。

2　衆議院議事録など簡単に調べられるものは、文字数の関係上、ホームページアドレスを示していません。議事録名と年月日を入れれば簡単に検索できます。

目次

プロローグ……………ii

第1部　未来に絶望を与える失言・暴言

失言・暴言❶
ナチスの手口を学んだらどうか
（麻生太郎副総理・2013年7月29日）……………2
ナチス……………4　　ユダヤ人や障害者などのマイノリティ排除……………5
榎澤幸広

失言・暴言❷
ポツダム宣言を詳らかに読んでいない
（安倍晋三首相・2015年5月20日）……………6
ポツダム宣言……………8　　東京裁判……………9
長峯信彦

失言・暴言❸
「だって戦争に行きたくないじゃん」 という自分中心、極端な利己的考え
（武藤貴也衆議院議員・2015年7月30日）……………10
個人主義……………12　　戦後教育……………13
石川裕一郎

失言・暴言❹
（憲法解釈の）最高責任者は私です
（安倍晋三首相・2014年2月12日）……………14
内閣総理大臣・閣議決定………16　　立憲主義……………17
井上知樹

失言・暴言❺
徴兵制はありえない
（安倍晋三首相・2015年7月30日）……………*18*
戦前の徴兵・徴用………20　　特攻…………*21*
清末愛砂

失言・暴言❻
自衛隊発足以降、……1800名の自衛隊員の方々が、……殉職をされておられます
（安倍晋三首相・2015年5月14日）……………*22*
自衛隊…………*24*　　PKO（国連平和維持活動）とNGO…………*25*
飯島滋明

失言・暴言❼
シビリアン・コントロール上も問題ない
（中谷元防衛大臣・2015年8月19日）……………*26*
シビリアン・コントロール（文民統制）………*28*　　特定秘密保護法…………*29*
志田陽子

失言・暴言❽
違憲立法かどうかを含めて最終的な判断は最高裁が行う
（安倍晋三首相・2015年7月15日）……………*30*
内閣の政治的判断の限界…………*32*　　最高裁判所…………*33*
奥田喜道

失言・暴言❾
たいていの憲法学者より私は考えてきた
（高村正彦自民党副総裁・2015年6月11日）……………*34*
砂川判決…………*36*　　集団的自衛権…………*37*
清水雅彦

失言・暴言❿
マスコミを懲らしめるには、広告料収入がなくなるのが一番
（大西英男衆議院議員・2015年6月25日）……………38
百田発言……………40　　報道の自由……………41
松原幸恵

失言・暴言⓫
核兵器も法文上運搬可能
（中谷元防衛大臣・2015年8月5日）……………42
非核三原則……………44　　兵站・後方支援……………45
渡邊　弘

失言・暴言⓬
法的安定性は関係ない
（礒崎陽輔首相補佐官・2015年7月26日）……………46
法的安定性……………48　　憲法解釈……………49
松原幸恵

第2部　未来に希望を与える名言

名言❶
これまで政治的無関心と言われてきた若い世代が動き始めている
（奥田愛基さん・2015年9月15日）……………52
表現の自由とその限界………54　　「個人」の尊重と「不断の努力」………55
石川裕一郎

名言❷
勝手に決めるな
（全国各地で使われた安保法制反対行動でのコール）……56
　　選挙の意義…………58　　国会……………59
岡田健一郎

名言❸
日本を確実に守りたいなら、
ぜひ学者の意見を聞くべき
（長谷部恭男早稲田大学教授・2015年6月15日）………60
　　学者とは……………62　　政治家と政党……………63
奥田喜道

名言❹
政権交代を実現させた上で同法を廃止すべき
（小林節慶応大学名誉教授・2015年9月20日）………64
　　違憲訴訟……………66　　政権交代……………67
井上知樹

名言❺
日本国憲法は徹底した平和主義に立脚し、
世界の模範とされている
（国際民主法律家協会・2015年8月15日）…………68
　　積極的平和主義……………70　　国際民主法律家協会……………71
清末愛砂

発言❻
沖縄の人々の自己決定権や
人権は無視され続けてきました
（翁長武志沖縄県知事・2015年9月21日）………72
　　米軍基地…………74　　「抑止力」「負担軽減」…………75
飯島滋明

名言❼
9条にノーベル平和賞を
(鷹巣直美さん・2013年1月)……………76
　憲法9条の理念……………78　　国際協調主義……………79
飯島滋明

名言❽
ユネスコへの拠出金を
停止するというのは全く恥ずかしい
(河野洋平自民党元総裁・2015年10月15日)……………80
　南京大虐殺……………82　　歴史認識……………83
長峯信彦

名言❾
ずっとウソだった
(斉藤和義さん・2011年4月7日)……………84
　日本の原子力政策……………86　　脱原発……………87
榎澤幸広

名言❿
マイナンバー制度自体が、プライバシー等に
対する高い危険性を有している
(日弁連会長声明・2015年9月9日)……………88
　共通番号制度……………9　　プライバシー……………91
清水雅彦

名言⓫
若い世代の投票率を上げるにはやはり学校教
育が重要
(早田由布子弁護士・2015年5月29日)……………92
　選挙権年齢……………94　　教育の中立性……………95
渡邊 弘

名言⓬
声をあげられない人に
あたたかいメッセージを発信
(前渋谷区長・桑原敏武氏・2015年3月23)……………96
性的マイノリティ………………98　　文化多様性（多文化主義）………………99
志田陽子

第3部　民主主義にコール！
　　　　いま何ができるのか

●「憲法9条にノーベル平和賞を」
鷹巣直美さん(「憲法9条にノーベル平和賞を」共同代表)に聞く
受賞することが目的ではなく、9条の理念が
世界で共有されることが願い……………102

●安保関連法に反対するママの会
西郷南海子さん(安保関連法に反対するママの会・発起人)に聞く
だれの子どももころさせない……………110

●SEALDs
髙野千春さん(SEALDs、Re-DEMOS研究員、上智大学国際教養学部在学)
本間信和さん(SEALDs、Re-DEMOS研究員、筑波大学人間学群教育学類在学)に聞く
どんなに小さな行動でもやれば何かが
必ず変わる……………120

エピローグ……………132
編者・執筆者プロフィール……………134

第1部
未来に絶望を与える失言・暴言

失言・暴言 ❶
ナチスの手口を学んだらどうか
（麻生太郎副総理・2013年7月29日）

ニュルンベルク党大会でナチス突撃隊、親衛隊に敬礼するヒトラー（ナチスのプロパガンダ写真、1937年9月）。写真提供：DPA／共同通信イメージズ

失言・暴言を読み解く

「……ナチス政権下のドイツでは、憲法は、ある日気づいたら、ワイマール憲法もいつのまにかナチス憲法に変わっていたんですよ。誰も気が付かないで変わったんだよ。あの手口、学んだらどうかね。……」

これは2013年7月29日、麻生副総理が、参院選大勝後の安倍政権による憲法改正に焦点をあてた月例研究会での講演（国家基本問題研究所開催）の際、靖国参拝や憲法改正もマスコミが騒ぎすぎた結果大事になっていてもっと静かに議論すべきだと述べた中で飛び出した発言でした（YouTube「「ナチス発言」原文全文」より。登壇者は研究所の櫻井よしこ理事長、田久保忠衛副理事長、遠藤浩一理事）。

この発言に対し、翌朝の新聞は大々的に取り上げました（スポニチも「ナチス政権を引き合いに出す表現は議論を呼ぶ可能性もある」と報道）。この点、海外メディアも批判的に報道しましたが、ユダヤ人人権団体**サイモン・ウィーゼンタール・センター**は「どんな手口をナチスから学ぶ価値があるのか。ナチスドイツの台頭が

世界を第二次世界大戦の恐怖に陥れたことを麻生氏は忘れたのか」と批判声明を自身のホームページにすぐ発表しています。更に、日本維新の会共同代表橋下徹市長（当時）が行過ぎたブラックジョークとし、「正当化した発言でないのは、国語力があればすぐ分かる」と発言擁護コメントをしたら、「ブラック・ジョークとして扱ってはならない事柄がある」とも同センターは批判しています（中日新聞2013年8月3日）。副総理は「誤解を招いたことは遺憾」とし、「喧騒にまぎれて十分な国民的理解及び議論のないまま進んでしまった悪しき例として、ナチス政権下のワイマール憲法に係る経緯を挙げた」が誤解を招く結果となったため、例示部分を撤回しています（朝日新聞8月1日）。

　ナチスの説明だけを見ても"喧騒"や"誰も気づかず"と言い言葉の統一性が取れていない点も問題ですが、この発言の問題点は多々あります。第1に、「手口」の辞書的意味は"犯罪を実行する手段"であること。第2に、撤回すればどんな発言も許されるかのような"悪しき例"を作ったこと。第3に、国際人のはずなのに国際的な歴史感覚がないこと（ヨーロッパならクビになったり、刑事罰に処せられるなどが考えられます）。第4にナチス憲法という名称は存在しないこと……。

　さらに発言時期は、2012年4月27日に自民党が憲法改正草案を出し、12月16日衆院選で大勝、いよいよ憲法改正国民投票の発議要件緩和に着手し始めた時期でしたが、国民の支持があまり得られなかった時期でもありました。その後、政権側が憲法改正手続から憲法解釈変更路線に転換し、集団的自衛権容認派の小松一郎氏を内閣法制局長官に就任させ（2013年8月8日）、秘密保護法強行採決（12月）、集団的自衛権の閣議決定（2014年7月）、安保法制強行採決（2015年9月）と次々と喧騒の中を突き進む状況をふまえると、やはり「ナチスの手口」を参考にした可能性も否めません（当人らは"粛々"のつもり？）。ここでは副総理が例えた「ナチス」をその後のドイツも含め紹介し、ナチスの国是である優性保護政策＝「マイノリティ排除」について考えていきます。

＊ドイツ刑法の場合、処罰規定がある（憲法違反の組織の宣伝手段の禁止で、基本的にはナチの表現・表象〔ハーケンクロイツやナチ式敬礼〕などの禁止〔86条〕。民族憎悪表現・ヘイトスピーチの禁止〔130条〕）。

サイモン・ウィーゼンタール・センター：歴史的・現代的文脈においてホロコーストや憎悪をリサーチするグローバルな人権組織。ロスアンゼルス、イェルサレム、ニューヨークに寛容博物館（MUSEUM OF TOLERANCE）がある。

ナチス

　「過去に目を閉ざす者は結局のところ現在にも目を閉ざすことになる」という言葉。西ドイツのヴァイツゼッカー大統領による1985年5月8日（ドイツ降伏40周年）の演説での言葉です。大統領は「ナチスの暴力支配による非人間的システムからの解放の日」とも述べています。ナチスとは「国民社会主義ドイツ労働者党」を指します。1933年1月30日ヒトラーの首相任命から1945年のドイツ敗戦までの間、ナチスは独裁体制を突き進みました。特に、1933年3月23日制定の「民族および国家の危難を除去するための法律」（通称：全権委任法）によってこの体制が確立することになりますがそれは、社会権規定など当時世界最高峰といわれたワイマール憲法に拘束されない無制限の立法権を政府に授権するものでした。結果、権力分立の破壊と同時に憲法違反の法律制定も可能となり、憲法改正も不必要になりました。しかしこの国家体制は国民の支持により誕生し維持されたと従来いわれてきました（ただ実際は、節目毎にナチにとって都合のいい事件が起きその度に言論思想弾圧などが行われていますが…）。支持理由のいくつかは、敗戦や世界恐慌の結果疲弊しきっていたドイツ経済の立て直し、600万人に達した失業者対策への期待にあったようです。ヒトラーは計算し尽くした演説手法や最新の広報手段を巧みに駆使し、「アーリア人こそ優越民族」、「社会を蝕むユダヤ人撲滅」といった、絶望下に置かれたドイツ国民に敵味方と単調なスローガンを繰り返し訴えました。[*1] 結果は、多大な犠牲を産んだ世界戦争やホロコーストへの道程でした。

　では現在のドイツはこの歴史に目を閉ざしているのでしょうか？ この点、2000年に「記憶・責任・未来」財団設立法が制定され、そこには補償、そして過去の記憶と責任を未来に引き継ぐことが示されています。[*2] 日本国憲法前文では「政府による戦争の惨禍を二度と繰り返さない」と記されていますが、政府主導で正確な過去の記憶の継承や補償は行われているか考えてみて下さい。

---

*1　有名な言葉「大きな嘘も十分かつ頻繁に繰返し言えば人々は最後に信じるようになる」が実践されたといわれる。また、ヒトラーの宣伝手法は知性よりも感情に訴えかけることを重視。

*2　ナチス政権時、アウシュビッツがあった隣国ポーランドは1998年国民記憶院法を制定。その他、記憶を記録化する事例として、ナチス政策の発展型と位置づける者もいる南アフリカのアパルトヘイト被害を記録化する真実和解委員会（TRC）がある。

【文献】水木しげる『劇画ヒットラー』（筑摩書房・1990年）

ユダヤ人や障害者などのマイノリティ排除

　ホロコースト。ナチスがユダヤ人に対し行った大量虐殺などを指す言葉で、1948年に採択された国連の**ジェノサイド**犯罪の防止と処罰に関する条約を生み出すきっかけになった行為です。このジェノサイド（集団殺害など）という言葉を生み出し条約創設に携わったレムキンもユダヤ系ポーランド人でした。彼は迫害を逃れ、アメリカに渡りますが、同朋たちはナチスに捉えられ、働ける者は強制収容所内の労働力に、働けない者は毒ガス室に送られ処刑されました。処刑犠牲者数は400万とも500万とも言われています。

　しかし、同性愛者、ロマ、スィンティ、障害者などもその犠牲者であることが近年明らかになりました。例えば、ドイツの精神医学会は、ナチス以前から民族衛生学（優生学）に基づいて障害者を軽視し（2010年謝罪）、更に「支配民族たるドイツ民族は、健康でなければならない」という人種主義を唱えるナチス政権の思惑と一致したことにより、「遺伝病子孫予防法」が1933年制定され、40万もの人々の断種が実施されました（医師も積極的に加担）。続く「安楽死」作戦によって7万人超の障害者が1940〜1941年の間にガス室で殺害されています（T4作戦。遺体の一部は医師らが研究利用）。これは後のユダヤ人大量虐殺の前哨戦と言われますが（T4作戦に関わった医師などがアウシュビッツ〔Auschwitz〕でユダヤ人殺害に加担）、ナチスは障害者に対し、「（金ばかりかかって）生きるに値しない命」という基準を用いて組織的選別を行ったのです。

　この政策の問題点は、障害者らの人間の尊厳を否定している時点で人権全般が関わる話ですが、個別的には例えば、家族形成の自由（日本国憲法13・24条）や学問の自由（23条）が関係します。この点、「医者は自分の研究のため、そして高度な医療水準を維持するためなら人体実験（日本では731部隊が有名）も許されるのか」、「国家の経済発展のためなら、時々の政権が大学に過度に干渉し軍事や遺伝子研究のみを推奨するやり方は正しいのか」検討してみて下さい。

ジェノサイド犯罪：条約定義は集団殺害以外に断種や国策としての民族集団の子どもたちの誘拐など5つの手段（2条）。
【文献】NHKハートネットTV「シリーズ戦後70年　障害者と戦争　ナチスから迫害された障害者たち（1〜3）」＜ http://www.nhk.or.jp/heart-net/tv/calendar/2015-08/25.html ＞

失言・暴言❷
ポツダム宣言を詳らかに読んでいない
(安倍晋三首相・2015年5月20日)

ポツダム宣言を発表 米英ソ首脳会談で決定。1945年7月26日。写真提供：共同通信。

失言・暴言を読み解く

　集団的自衛権や違憲性の高い軍事行動を可能とする安保法案（戦争法案）が国会提出された2015年5月、安倍晋三首相は国会の党首討論にて、日本共産党の志位和夫委員長の質問に対し「ポツダム宣言を詳らかに読んでいない」と答えました。ポツダム宣言では日本の戦争を「世界征服」（侵略）と位置づけており、志位氏はこの認識を日本の首相として認めるのかと追及。ポイントは、日本が過去に惹き起こした戦争を日本の首相として善悪の判断が下せないのであれば、今後米国の戦争に日本が集団的自衛権により加担させられても正しく判断できるはずがない、という点にありました。法案は2015年9月に強行採決。米国に引きずられて戦争に加担するかもしれないと多くの日本国民が不安を抱いている今、この疑問は志位氏ならずとも当然と言えましょう。

　安倍氏は「詳らかに」読んでいないと微妙な表現で逃避。本当は？ 今までの彼の言動からすると（例えば、野党の質問時間を自分の発言の「権利」と誤解して「早

く質問しろよ！」と命令したり、著名な憲法学者・芦部信喜を「知らない」と言ったり等）、本当にきちんと読んでいないかもしれません。そのことは10年前安倍氏（当時自民党幹事長代理）が月刊誌 Voice 2005年7月号で、「ポツダム宣言というのは、アメリカが原子爆弾を2発も落として日本に大変な惨状を与えた後、『どうだ』とばかり叩きつけたものです」と主張していたことからも推定できます（傍点長峯）。この種の主張はよく右派論客から聞かれますが、ポ宣言＝7月末、原爆＝8月6日・9日、ぐらいは高校生でも知っている知識。順序間違えマシタなんて言い訳通用しないほどの重要関連事実です。この程度の基本知識も持たずに大言壮語してしまうのが、安倍晋三という人なのでした。原爆自体は許しがたい大罪ですが、もし早期に受諾していれば投下が回避できたのも事実（逆に8月14日に受諾してなければ更に投下される危険性もありました）。安倍氏ら右派の主張は、基本知識すら不勉強な上に、当時の日本軍部・政府の誤りを隠蔽・擁護した全く筋違いの議論です。

　ただ、もしそうだとすると事は重大。安倍氏が戦後日本の原点とも云うべき文書を読みも理解もせず、「戦後レジーム（現憲法体制）の総決算」と息巻いてきたからです。忘れてならないのは、日本がポツダム宣言を正式受諾したからこそ戦争は終わり、国民は解放されたという事実です。そもそも日本が1931年から15年も自ら侵略戦争してきた結果としてポ宣言と原爆があり、その先に東京裁判もあった（ポ宣言10項「戦争犯罪人に対する厳重な処罰」）、という歴史的な因果関係を忘れてはなりません（もっともだからと言って原爆は絶対に正当化できませんが）。1931年満州侵攻、1937年中国侵略拡大（日中戦争）、1941年対米侵攻と、1931〜45年の15年間は実質的に関連し続ける**十五年戦争**です。この捉え方は日本の歴史学界では既に確固たる地位を確立した説であり、現に一部の高校日本史の教科書でも大きな見出し語として登場します。ポツダム宣言は日本の侵略戦争の総括的認識を示した文書として、また戦後日本の基本的方向性を定めた文書として、きちんと認識・理解する必要があるでしょう。

十五年戦争：「アジア太平洋戦争」という語と実質は似ていますが、日本の侵略の起点が1931年満州侵攻にあることを明確にする、より厳しい用語です。満州"事変"は強引に開始され拡大された侵略行為であり、その後も数ある可能性の中から一つの方針が選択・遂行され、1937年の中国全面侵略、1941年の対米侵攻へと全て関連し続けました。この15年間は、「あくまで人為の所産と選択の結果」だったのです。江口圭一『十五年戦争小史(新版)』（青木書店・1991年）はそれを明らかにした、日本の歴史学界における代表的研究です。

ポツダム宣言

　第2次大戦末期の1945年7月26日、米・英・中華民国（当時。共産党率いる現在の中華人民共和国とは異なる）の連合国が敗戦後のドイツで発した宣言（当時ソ連は日本と中立条約締結中だったので後に参加）。その第6項は「無責任な軍国主義を世界から駆逐する」ために、「日本国民を騙して世界征服の挙に出ようとした誤りを犯した権力者や勢力は、永久に除去されなければならない」と日本に厳しく迫りました（現代語訳：長峯）。1943年11月のカイロ宣言に則り朝鮮・台湾の**植民地**廃止、侵略地返還等、日本の領土は1895年の台湾占領前の状態に戻すと規定（第8項）。またポツダム宣言には旧憲法体制を実質的に否定するものも含まれ、次の二項は後の日本国憲法制定との関係で特に重要です。第10項：日本国政府が「日本国国民の間における民主主義的傾向の復活・強化に対する一切の障害を除去」し、「言論・宗教・思想の自由ならびに基本的人権の尊重」を確立すべきこと。第12項：「日本国国民の自由に表明する意思に従い、平和的傾向を有し且つ責任ある政府が樹立」されること。

　ポツダム宣言は無条件降伏を含むため、政府は当初受諾を躊躇し、鈴木貫太郎首相は「黙殺する」と発言。しかし英訳では ignore となり拒絶の意に。そのことが2発の原爆を呼び込んでしまったので、日本の戦争指導者の誤りは未曾有の人類悲劇につながったことを忘れてはなりません。しかし驚くべきことに、原爆投下されてもなお、軍部・政府は「国体の護持」（神としての天皇を頂く国家体制の維持）が可能かどうかで受諾をためらうという有様でした。そして日本は「宣言は、天皇の国家統治の大権を変更を含まないとの了解の下に受諾する」と条件付けしましたが、回答は「降伏の時より国家統治の権限は……連合国司令官に服する(shall be subject to)」と厳しいものでした。が、日本は8月14日それでも受諾を決定。9月2日降伏文書に調印し、これでついに正式に「終戦」したのでした（8月15日は国内だけの"終戦"記念日です）。

植民地支配：日本は軍事力を背景に台湾を50年間、朝鮮半島全域を35年間も占領。特に朝鮮は1910年、大韓帝国王宮を日本軍が取り囲んで強圧的に併合条約を調印させました。植民地支配で忘れてならないのは徹底した「皇民化政策」です。皇居に向けての宮城遙拝等を日々強要。また強制的な「創氏改名」（朝鮮)や「改姓名」（台湾)も有名です。民族の尊厳と自主独立を奪う植民地支配は、カイロ・ポツダム両宣言で完全に否定されたのでした。
【文献】豊下楢彦『昭和天皇の戦後日本──〈憲法・安保法制〉に至る道』（岩波書店・2015年）

東京裁判

　正式名称は「極東国際軍事裁判」。日本の戦前の権力者（国家の指導層ゆえにA級と称す）28名の被告を主要戦争犯罪人（**A級戦犯**）として裁いた国際軍事裁判で、ナチスドイツを裁いたニュルンベルグ裁判と対です。日本敗戦直後の1945年、GHQ（総司令部）は東条英機元首相ら39人を戦犯容疑で逮捕（安倍晋三首相の祖父岸 信介もA級戦犯容疑で逮捕。岸は後に釈放され1957-60年に首相）。東京裁判は1946年5月3日に開廷し、連合国側11カ国が参加、裁判長にはオーストラリア人のウェッブが就任しました。東条英機らA級戦犯28人が戦争指導者として責任を問われ、日本軍による数々の侵略・残虐行為（南京大虐殺など）の凄まじい実態が、初めて国民の前に明らかになりました。

　被告人選定にあたって最大の焦点は昭和天皇でした。オーストラリアの検事は天皇を裁判にかけることを主張しましたが、キーナン首席検事（検察官の中で唯一の米国人）は円滑な占領政策推進というGHQの意向を忖度して反対。結局、天皇の戦争責任は不問に付されました。いずれにせよ「天皇の命はGHQが守った」というのが歴史の真実です。この事実を知らない人が多すぎます。

　裁判の訴因は「通例の戦争犯罪」「人道に反する罪」「平和に反する罪」等でしたが、日本人の弁護人・清瀬一郎は「人道・平和に反する罪は遡及処罰（事後法）であり、罪刑法定主義に反する」と異議を主張。この裁判に日本側から正式に弁護人が付けられていた事実はあまり知られていません（ただし異議は却下）。1948年11月、全員に判決宣告。12月23日、A級戦犯7名は絞首刑に。

　東京裁判では原爆投下など連合国側の非人道的所業は不問に付されたため、「勝者の裁き」という側面は残りました（インドのパール判事「無罪」意見）。また多数の女性の尊厳を蹂躙した日本軍"慰安婦"問題などの非人道的犯罪が全く裁かれないなど、後世に大きな問題点も残しました。しかし侵略戦争そのものの犯罪性を問い、国際平和に寄与した側面は評価されてよいでしょう。

A級戦犯：東条英機、広田弘毅、松井石根（南京大虐殺司令官）ら7名は1948年12月23日（当時皇太子の誕生日）に処刑。その日付には天皇・政治家への強いメッセージが込められていました。日本は1951年サンフランシスコ平和条約で東京裁判を正式受諾し、対外的に国際社会復帰。しかし対内的にはA級戦犯を「公務死」と位置づけ、対外・対内で二枚舌政治を始めました。1978年には靖国神社に神として合祀し、国家全体で侵略戦争を真摯に反省してきませんでした。

【文献】家永三郎『戦争責任』（岩波書店・1985年）

失言・暴言❸
「だって戦争に行きたくないじゃん」 という自分中心、極端な利己的考え
（武藤貴也衆議院議員・2015年7月30日）

未公開株をめぐる金銭トラブルなどについて記者会見する自民党を離党した武藤貴也衆院議員（左端）。2015年8月26日、東京・永田町の衆院第2議員会館。写真提供：時事通信。

失言・暴言を読み解く

　2015年7月30日。国会では、多くの国民の反対の声を顧みず2週間前に衆議院で強行採決された安保法案の参議院での審議が始まった頃です。自民党所属の36歳（当時）の衆議院議員・武藤貴也氏が投稿した一つのツイートが物議を醸すことになります。以下その全文を引用します。

　「SEALDsという学生集団が自由と民主主義のために行動すると言って、国会前でマイクを持ち演説しているが、彼ら彼女らの主張は「だって戦争に行きたくないじゃん」という自分中心、極端な利己的考えに基づく。利己的個人主義がここまで蔓延したのは戦後教育のせいだろうと思うが、非常に残念だ」。

　このツイートには投稿直後から批判が集中し、武藤氏は党幹部から叱責を受けましたが、自らこの発言を取り消そうとはしませんでした。結局武藤氏は、その直後に自身が関わる未公開株問題が表面化し、自民党を離党しますが、2016年1月1日現在衆議院議員の地位には留まったままです。

本論に入る前に、このツイートに表れている武藤氏の憲法認識の問題点について簡潔に説明しておきます。政府は、今回の安保法が認めるのはあくまでも「限定的な集団的自衛権」、正確に言えば日本の存立に関わる事態に際してのみ行使されうる必要最小限度の実力の行使であると説明しています。つまり、これで「戦争ができるようになる」とは、政府は言っていないのです。そもそも国連憲章に照らしても、戦争は原則違法化されています。要するに、ここで武藤氏が設定した「戦争に行く／行かない」という二者択一の問いは、政府与党の論理に照らせばありえないはずなのです。ここでは、憲法学界の学説以前に、まずは政府の憲法解釈と国際法の正確な知識を踏まえてほしかったところです。

　また、同じ頃に武藤氏が投稿した別のツイートも紹介します。「『NO WAR』とプラカードを掲げてる人に、他国が攻めてきたらどうするのか聞いてみたら「戦う」と言う。けれどそれはまさに自衛のための「WAR」だ。……」。政府自民党が長年維持してきた憲法9条の解釈では、他国が日本に攻めてきた時に行使されるのは「自衛のための必要最小限度の実力」であり、自衛戦争は憲法によって禁じられています。つまり、この点でも武藤氏と彼の所属政党の解釈は異なっていたのです。もちろん、個々の議員の考えがその所属政党の公式見解とまったく同じになることはありえません（そもそも彼は、2009年の衆院選出馬まではダム問題で自民党会派と対立していた当時の滋賀県知事・嘉田由紀子氏を支持する会派の事務局員でした）し、またその必要もないのですが、その違いに無頓着な武藤氏の政治家としての資質には大きな疑問符が付されうるでしょう。

　とはいえ、本章の目的は武藤氏の政治家としての適性を問うことではなく、彼個人には還元されえない、彼が所属していた政権与党とその支持層の考え方を検討することです。ここではそれを、武藤氏が敵視する「個人主義」と「戦後教育」という2つのキーワードを手がかりに考えたいと思います。

　果たして武藤氏が主張するように、SEALDsの主張は「利己的個人主義」に基づくものであり、その原因は「戦後教育」にあるのでしょうか。

SEALDs（自由と民主主義のための学生緊急行動）：2013年に結成された「SASPL（特定秘密保護法に反対する学生有志の会）」を前身とする、主に大学生から成る若者たちの団体。2015年5月結成。デモ・集会・学習会等に加え、各種メディアを活用した多様な活動を通じ、安保法案を始めとする安倍政権の政策や憲法観に対する批判を展開している。
【文献】SEALDs（自由と民主主義のための学生緊急行動）（編）『SEALDs 民主主義ってこれだ！』（大月書店・2015年）

個人主義

　実のところ武藤氏の「個人主義」観は、過去に自民党が諸文書において示した考え方と軌を一にするものです。それは、同党の憲法改正プロジェクトチームが2004年に発表した、改憲に向けての「論点整理」によく表れています。曰く「近代憲法が立脚する『個人主義』が戦後のわが国においては正確に理解されず、『利己主義』に変質させられた……。権利が義務を伴い、自由が責任を伴うことは自明の理であ［る］」。

　ところで、利己主義とは「他人の迷惑を考えずわがまま勝手に振る舞うやり方」（『大辞泉』）であり、たしかに個人主義とは別物のようです。では、自民党はそこを正確に理解しているのでしょうか。答えは「NO」です。その理由は「権利が義務を伴……うことは自明の理」という言葉にあります。

　さて、これと一見似た条文が日本国憲法にあります。「国民は、これ［＝憲法が保障する基本的人権］を濫用してはならないのであつて、常に公共の福祉のためにこれを利用する責任を負ふ」とする12条です。しかし、憲法学の通説では、本条にある国民の「責任」は倫理的なそれに留まるものであり、「論点整理」が言う「義務」とは異なります。では、現行憲法は、権利に付随するはずの義務には触れていない、不完全な憲法なのでしょうか。

　ここでは、近代憲法が保障する人権とは**自然権思想**に基づくものであり、たとえば労働者の賃金債権（労働の対価として賃金を支払ってもらう権利）のように義務が伴う権利ではなく、人間が生まれながらにして当然に持つ権利であることを想起する必要があります。つまり、「権利と義務は表裏一体」という一般論は、憲法が保障する人権には当てはまらないということです。国民一人ひとりは個人として尊重され、かつ、人間として生まれてきたという事実のみによって様々な権利を享有し、それらの権利は国家権力によって最大限尊重されなければならないという考え方——これこそが「近代憲法が立脚する個人主義」なのです。

自然権思想：17世紀イギリスの哲学者ジョン・ロック、18世紀フランスの啓蒙思想家ジャン＝ジャック・ルソーらが説いた考え方。それによれば、人間は誰もが生まれながらにして自由かつ平等な存在として当然に権利（＝自然権）を有する。そして、それを保持するために社会契約を結んで国家＝政府を形成し、その政府に権力行使を委ねるが、政府がその権力を濫用する場合、人民は政府に対して抵抗権利を行使できる。

【文献】青井美帆『憲法を守るのは誰か』（幻冬舎ルネッサンス・2013年）

戦後教育

「利己的個人主義」という観念と同様に、それが「ここまで蔓延したのは戦後教育のせい」という武藤氏の評価も、実のところ彼個人の見解というよりは、彼が所属していた自民党の考えに沿ったものだといえます。

その自民党の考えが最も明確に表れている文書の一つが、1985年、当時の中曽根康弘首相が設置した臨時教育審議会が発表した第一次答申です。それは戦後教育に対し「ややもすれば我が国の伝統文化の特質・長所の否定、徳育の軽視、権利意識と責任意識の不均衡などをもたらした面があった」との評価を下しています。先に紹介した「論点整理」と通底する考え方です。

今から30年前の日本に「利己的個人主義」が本当に蔓延していたのか、そうだとしてもその原因は戦後教育なのか、客観的な論拠はないに等しかったのですが、これを機に自民党政府は教育現場を締めつける方向に舵を切ります。それは、「近代憲法が立脚する個人主義」に逆行するものでした。その典型例が、1989年の新**学習指導要領**による公立校の入学式等における国旗掲揚と国歌斉唱の義務化です。まさに、物事の是非について個人で主体的かつ自律的に考え判断する市民の育成を目指す本来の教育とは正反対のことです。

ここで話を武藤氏に戻します。彼は1980年代後半から90年代後半にかけて小学校～高校時代を送っています。つまり、戦後教育が変質し、自民党政権が進めた道徳教育強化の過程の中でその人格を形成してきたのです。その結果が、もし事実ならば「利己的個人主義」の極みというべき「国会議員という身分を悪用した未公開株売買」というのは笑えない冗談です。皮肉を込めて言えば、こんな代議士を誕生させてしまったこと自体がまさに教育の失敗を物語っています。利己主義ではない、近代憲法が立脚する個人主義を正しく理解させること――これこそ日本の教育が取り組むべき課題ではないでしょうか。

学習指導要領：文部科学大臣が告示の形式で公示する、小学校・中学校・高等学校・中等教育学校・特別支援学校の各学校別の教育課程の基準。戦後の新しい学制が発足した1947年には当時の文部省が作成した参考基準として配布されたが、1958年以降は文部省告示として、その法的拘束力が主張されるようになった。現在は最高裁も判例（伝習館高校事件〔最判1990・1・18〕）においてその法規としての性質を認めている。

【文献】西原博史『良心の自由と子どもたち』（岩波書店・2006年）

失言・暴言❹
（憲法解釈の）最高責任者は私です
（安倍晋三首相・2014年2月12日）

参議院予算委員会で答弁する安倍首相。2014年2月5。写真提供：時事通信。

失言・暴言を読み解く

　2014年2月5日の参議院予算委員会で民主党の羽田雄一郎議員が、集団的自衛権行使容認へと憲法解釈を変更する理由を安倍首相に質問した際、安倍首相は、政府による適切な新しい解釈によって集団的自衛権行使を認めることは可能であり憲法条文の改正は必要ではない旨、答弁しました。これを受けて、12日の衆議院予算委員会で民主党の大串博志議員が、安倍首相のこの答弁が、憲法の条文改正によらずに、解釈の変更だけで集団的自衛権を行使することは憲法上許されないとの従来の政府見解、及び、この政府見解が現在までに確定しているとの連立を組む公明党の認識、これらと齟齬する点を衝こうと、横畠裕介内閣法制局長官事務代理及び太田昭宏国土交通大臣に頻りに揺さぶりをかけた末、安倍首相にその真意を尋ねた文脈で出てきたのがこの発言です。

　安倍首相は大串議員にこう答えます。「（大串議員は）先ほど来、法制局長官の答弁を求めていますが、最高の責任者は私です。私が責任者であって、政府の答

第1部　未来に絶望を与える失言・暴言

弁に対しても私が責任を持って、その上において、私たちは選挙で国民から審判を受けるんですよ。審判を受けるのは、法制局長官ではないんです、私なんです。だからこそ、私は今こうやって答弁をしているわけであります」。

　日本の政治はこれまで官僚主導であり、これでは国民主権・民主主義と言えないから、主権者国民が選挙で選んだ政治家による政治主導にしなければならないとか、外国と比べると日本の首相はコロコロと猫の目の如く変わるのでリーダーシップがない等、従来その問題点が指摘されてきました。これに対して、安倍首相は、内閣（政府）の最高責任者は内閣総理大臣であり、政府見解も首相が最終的に責任を持ち、その是非に関する問責は民主主義である以上選挙によって行われるのだから、上記のような答弁をする安倍内閣が国民の審判を受けるのであって官僚ではない、と言いたいわけです。その意味で、安倍首相の答弁は一国の首相として**リーダーシップ**を発揮するものであり、その姿は国民には頼もしく映っているのでしょうか。

　しかし、物事を理解するには、実際に目に見える具体的なものにばかり目を奪われてしまうと、卓上のコインやグラスに観客の注意を集中させ、その間に下で仕掛けや種を操る手品のミスディレクションや「消防署の方から来ました」と言ってやって来る詐欺師のように、我々は容易に騙されてしまいます。だから、具体的な目に見えるものを見据えながらも、その背後に隠れた不在のものへと抽象的な思考力を働かせること、こうした具体と抽象との思考の往復運動によって初めて、物事の全体像が明らかになってくるのです。

　そこで、安倍首相の答弁の勇ましさによって隠れてしまい見えなくなってしまっているもの、すなわち、民主政治における内閣総理大臣の地位や政府の意思決定方法としての閣議に込められた安倍首相の考え方、そして、民主主義という政治を前に進めるアクセルに対して、スピードの出し過ぎを抑えるブレーキとしての立憲主義という統治原理についての安倍首相の理解に焦点を当てて、この発言の問題点を探って行きましょう。

官僚主導、政治主導・内閣主導・首相のリーダーシップ：従来日本の政治は、首相や内閣は官僚に取りこまれ、官僚が天下国家を論じ、政治家は地元への利益誘導に明け暮れていた、と言われてきた。これに対して、党首率いる政党が選挙で勝つことで内閣を組織し、国民の支持を背景として官僚に指示を与え、その政策を実施していくことが民主政治だと考えられるようになってきた（飯尾潤「真の政治主導のために」日経新聞2000年8月26日）。

内閣総理大臣・閣議決定

　日本国憲法66条1項は、内閣は首長たる内閣総理大臣とその他の国務大臣で組織すると規定し、68条は国務大臣に対する内閣総理大臣の任免権を定めています。明治憲法下の首相は**同輩中の首席**に過ぎず、**軍部大臣現役武官制**と相まって、政治が軍に引き摺られ戦争に突入したことを反省して、内閣の首長（top, head）として首相の地位を強化したのです。また内閣法4条は、内閣による職権遂行は内閣総理大臣が主宰する閣議によると規定しています。憲法・内閣法は内閣総理大臣に強力な権限を与えて主動力を発揮できる仕組みにしているのです。そして、首相が首長としてリーダーシップを発揮し主導する内閣による行政権の行使は、憲法66条3項で、主権者国民が選挙した国会議員から成る国会に対して責任を負うとしており、首相・内閣は国民に対して民主的責任を負う制度になっています。安倍首相の発言にはこうした制度的裏付けがあります。

　しかし、問題はここから始まります。首相には強いリーダーシップが求められているのだから、そして最後は国民の審判を仰ぐのだから（民主主義）、何でも彼でも為し得るのか。そこには何ら限界はないのか、という問題です。

　どうやら自民党はそう考えているようです。自民党の改憲草案72条では、首相がリーダーシップを発揮し易いように、閣議に諮らないでも首相が単独で決定できる「専権事項」を増設しています。また、これまで政府見解として積み重ねてきた、憲法の枠内で可能な自衛権行使の範囲や自衛隊の海外派遣のあり方の憲法解釈についても、集団的自衛権行使容認に好都合なように人事権を発動し、その下で政府見解を変え、その過程の記録は残すことなく閣議決定の結果のみ国民に知らせるということを、選挙で勝ったこと（民主的正統性）を根拠としてやってのけてしまうわけです。

　安倍首相は、民主主義なんだから選挙に勝てば何でもできる、とでも考えているのでしょうか。

同輩中の首席：内閣総理大臣は、明治憲法上他の国務大臣と平等な地位にあり（同輩）、内閣官制では内閣の「首班」（第一の席次）であった。
軍部大臣現役武官制：陸軍・海軍両大臣を現役の軍人のみから任用する制度で、文民統制の対義語。軍部が内閣と対立した場合、軍部大臣が辞職し後任を出さないことで、内閣を総辞職に追い込み軍部が政治よりも優位することとなった。
【文献】高見勝利「憲法から見た小泉流『官邸主導』政治」世界2006年8月号

立憲主義

　立憲主義の淵源は古く、13世紀イギリスの法学者ヘンリー・ブラクトンの「国王といえども神と法の下にある」という言葉に由来します。その後17世紀、王権神授説を盾に国王大権を主張するイギリス国王ジェームズ1世を、エドワード・クックがブラクトンの言葉を引用して諫言したと言われています。つまり、立憲主義とは国家統治について人の支配ではなく法の支配という原理を確立し、権力の恣意濫用を抑制して被治者の権利自由を擁護するものです。人権は絶対無制限ではないとよく言われますが、権力も絶対無制限ではないのです。また、フランス人権宣言16条は「権利の保障が確保されず、権力の分立が定められていない全ての社会は、憲法を持たない」としていますが、立憲主義は、権力を誰かの掌中に一手に集中させるのではなく、権力分立・三権分立によって制限された政府を実現し、国民の権利自由を擁護するものなのです。このことはアメリカのブッシュ前大統領も述べています。「アメリカ人は平等な正義、制限された政府及び法の支配という理念によって結合している。……建国の父は三権分立・抑制均衡を確立した。……憲法は人々の生活を向上させてきた」（井上訳：http://georgewbush-whitehouse.archives.gov/news/releases/2008/09/20080917.html・2016年1月16日最終確認）。

　問題の安倍首相の答弁は、こうした人類の伝統や英知を一切無視したものと言えます。2014年2月3日の衆議院予算委員会で安倍首相はこうも述べています。「憲法について、……いわば国家権力を縛るものだという考え方はありますが、しかし、それはかつて王権が絶対権力を持っていた時代の主流的な考え方で」。今は民主主義だから立憲主義は不要！　国民が認めれば何でもできる！　国民に認められたのは私だ*！　確かに、民主主義とは、天皇の鶴の一声ではなく、国民という雀の千声で政治を前に進めるアクセルです。しかし、ブレーキの効かない車が如何に危険なものか、我々はつい最近見知ったのではないでしょうか。

＊多数者の暴虐：1689年の名誉革命以降、イギリスは王政の下で民主化を徐々に進めていた。しかし、思想家ジョン・スチュアート・ミルは、1859年に著作の中で夙に民主主義の弊害を指摘している。「今や政治的問題を考える場合には、『多数者の暴虐』は、一般に、社会の警戒しなくてはならない害悪の一つとして数えられるに至っている」（J．S．ミル『自由論』岩波文庫）。本文ではこれを、ブレーキの効かないアクセルだけの車の危険性に例えた。

失言・暴言❺
徴兵制はありえない
（安倍晋三首相・2015年7月30日）

学徒総出陣の日・皇居前で行進学徒出陣。写真提供：毎日新聞。

失言・暴言を読み解く

「徴兵制は、憲法第18条が禁止をする意に反する苦役に該当します。明確な憲法違反であり、徴兵制の導入は全くあり得ない。……いかなる安全保障環境の変化があろうとも、徴兵制が本人の意思に反して兵役に服する義務を強制的に負わせるものという本質が変わることがないわけでありますから、今後とも徴兵制が合憲になる余地は全く変わりがありません」（参議院安保法制特別委員会）。

　森まさこ議員（自民党）による徴兵制の可能性に関する質問に、安倍首相はこう明言しました。これを聞くと胸をなでおろす人がいる一方、少子高齢社会で安全保障政策が拡大すると、人材不足が生じる可能性があるため、首相の言葉に不安を感じる人もいるでしょう。実際、自衛官（一般曹候補生）志願者数は減っており、2015年度は2007年度以降、最も少ない年でした（北海道新聞2015年10月14日）。また、科学技術が発展している現代、戦争は多くの兵士を必要としないと

考える人もいます。しかし、米軍はアフガニスタンやイラクで地上戦を展開し、多数の兵士を投入しました。現在でも、軍事作戦はハイテク兵器と地上戦等を担う実戦部隊が混在する形で行われているのです。

　安倍首相は、奴隷的拘束および苦役からの自由を規定する日本国憲法18条を根拠に徴兵制の復活はないと主張します。確かに、現行の憲法下では復活はありえません。しかし、国防の義務を前文で謳う自民党の「日本国憲法改正草案」（2012年4月27日決定）が成立すると、その可能性は十分出てきます。

　安倍首相は上記の発言の後には、「集団的自衛権の行使を前提とするNATO構成国であるアメリカ、イギリス、ドイツ、フランスなどは志願制を取っているわけでありまして、集団的自衛権の議論と徴兵制を結び付けることは、これは国際的にも全く非常識であると思います」とも言っています。ドイツは徴兵制を停止しましたが、廃止はしていません。ノルウェーやギリシャのように、徴兵制を継続しているNATO加盟国もあります。したがって、安倍首相は論理的に無関係なことを述べているのです。

　さらには、この発言からは、いわゆる「**経済的徴兵**」の視点が抜けています。米国では、多数の経済的困難を抱える若者が入隊しており、また大学進学には高額の学費が求められることから、奨学金返済の肩代わりや除隊後の奨学金の支払いを条件とする新兵のリクルートが行われています。若者の貧困化が進む日本でも、多数の学生が卒業時に多額の債務を負う日本学生支援機構の貸与型奨学金を利用していますが、労働市場の非正規化とともに滞納者も増えています。安全保障政策上の人材確保のために、将来、自衛隊入隊を条件とする返還免除制度が導入される可能性がないとは言えません。すでに理系や医学系の大学生・大学院生を対象に自衛隊貸費学生制度が実施されており、卒業後の入隊を前提に学資金が提供されています。

　徴兵制の問題を過去から学ぶために、以下では大日本帝国時代の徴兵・徴用、および日本軍が若者を利用して行った究極的な攻撃方法としての特別攻撃（特攻）について説明します。

経済的徴兵：経済的徴兵（「貧困徴兵」とも呼ばれる）は、正式な制度として導入されている徴兵制を意味するものではない。貧困その他経済的理由や、十分な生活費を稼ぐことができる他の就職先が見つからなかった若者が、結果的に軍隊に志願せざるを得ない状況を指す。
【文献】堤未果『ルポ　貧困大国アメリカ』（岩波書店・2008年）

戦前の徴兵・徴用

　大日本帝国時代は、1873年制定の徴兵令（1927年以降は兵役法）および1889年制定の大日本帝国憲法20条の下で、臣民（天皇主権のため、国民ではなく家来を意味する「臣民」と明記されていました）には兵役義務が課せられていました。そのため、満17歳から40歳（1943年からは45歳）までの男性は兵役（兵籍への登録）につかなければなりませんでした。実際には、男性は満20歳（1944年からは満19歳から）に達すると徴兵検査を受け、合否が判定されていました。合格者は現役兵と補充兵に振り分けられました。

　また、大日本帝国時代は家制度に基づき、同一戸籍に属する者から成る各家には戸主がおり、その身分と家の財産は長男が単独相続していました。そのため、徴兵令時代は戸主や長男は兵役が免除されていました。他には代人料270円の支払いによる免除等もありました。このように、初期の徴兵制には、身分や経済状況による命の差があったのです。しかし、これらは徐々に廃止され、国民皆兵の徹底化が進みました。さらには、アジア・太平洋戦争の泥沼化による人員不足を補うために、徴兵検査の合格者は次々と戦場へ送られ、各家族に召集令状（通称「赤紙」）が届くようになりました。1943年10月には学生・生徒に対する徴兵猶予も停止され、12月から学徒出陣が始まりました。

　日本の侵略戦争の結果、多数の国民が戦場に送られ、＜犬死＞とも言える死を強いられたのです。また、1938年制定の**国家総動員法**の下での国民徴用令に基づき、国民（植民地出身者を含む）は軍需産業での強制労働に従事させられていました。このように、徴兵制や徴用制はともに個人の意思とは無関係に、国家への奉仕を国民に強いる暴力的な制度でした。日本国憲法には奴隷的拘束および苦役からの自由を規定する18条と、個人の尊重を規定する13条があります。したがって、現在の日本では、徴兵制や徴用制はこれらの規定に基づき、いかなる解釈をもってしても認められるものではありません。

国家総動員法：1930年代の日本は中国大陸への軍事侵略を推し進めており、戦争遂行のために物資や軍需産業の生産率を上昇させる労働力が必要であった。そのため、政府が物資や施設を収用・使用できるとともに、国民に対しては物資の生産や修理等の総動員業務に就くことを強制できる法律を制定した（現在廃止）。国民徴用令を拒否した場合、罰則が科せられた。
【文献】吉田敏浩『赤紙と徴兵──105歳　最後の兵事係の証言から』（彩流社・2011年）

特攻

　アジア・太平洋戦争末期、日本軍は特攻を多用するようになりました。特攻とは、主には有人操縦式の魚雷や戦闘機等に爆弾を搭載し、操縦士もろとも敵艦船等に体当たりするという、生身の人間を兵器の一部として用いた残酷な攻撃方法でした。操縦士は一度出撃すると、天候不良等の理由で作戦が中止されない限り、突入しなければなりませんでした。敗戦色濃厚な状況下でも天皇制国家を守るために戦争遂行が優先されたため、国家のための戦死を美徳とする思想の下で特攻が推奨されました。その結果、約4000人とも言われる異常な数の兵士が特攻隊員として命を落としました。その中には1943年以降の**学徒出陣**で戦場に送られた若者が多数いました。

　特攻は志願制とはいえ、建前にすぎませんでした。拒否できない雰囲気の中で、若い兵士は上官から志願を求められました。一方、自分も続くと言いながら志願を促した上官の中には、生きのびた者が多数います。生きのびたことが悪いわけではありません。国家を支えるために、若者を半ば強制的に死に追いやる構造が作られたことが問題なのです。なぜ、徴兵された若い兵士が、とりわけ特攻隊員として選ばれたのでしょうか。それは、国家がお金や手間をかけて育てた士官学校出身等の軍人ではなかったからです（保阪正康『戦場経験者』〔筑摩書房、2015年〕225～226頁）。同じ兵士でも命の差があったのです。

　戦後の日本では、特攻隊員となった若者を美しく描く映画が多数制作されてきました。苦悩はあったが、国を守るために命を懸けた立派な若者たちであったと。しかし、現実はどうだったのでしょうか。特攻用戦闘機の整備兵をしていた元日本兵は、出撃命令が出るとほとんどの特攻隊員が精神的に混乱するため、抱えて戦闘機に乗せなければならなかった者もいた、と証言しています（保阪・同上246頁）。特攻は美しいものではありません。美化は戦争の姿を覆い隠し、国家のために命を捧げることを正当化することになるのです。

学徒出陣：徴兵制が敷かれていた大日本帝国では、兵役法の例外規定により、中学校以上の学校に在籍している者は満27歳になるまで、徴兵が延期されていた。しかし、1943年10月に在学徴集延期臨時特例が公布され、理工・医学・教育系を除き、延期停止がなされた。これ以降、文系学生は戦場に送られた。戦争遂行には理系・医学系の知識や技術が有益だと考えられたことが、文系学生のみの延期停止につながったのであろう。
【文献】山田朗『兵士たちの戦場——体験と記憶の歴史化』（岩波書店・2015年）

失言・暴言❻
自衛隊発足以降、……1800名の自衛隊員の方々が、……殉職をされておられます
（安倍晋三首相・2015年5月14日）

イージス艦「きりしま」（左）と護衛艦「はるさめ」（右）。2010年8月、横須賀にて飯島撮影。

失言・暴言を読み解く

　2015年5月14日、安倍自公政権は世界中での武力行使の根拠となる、安保法案を閣議決定しました。閣議決定直後の記者会見の内容や動画は首相官邸のHPでも確認できます。海外での武力行使に道を開く安保法案に対しては「憲法の平和主義に反する」「立憲主義に反する」といった、法的な批判もむけられました。そうした法的な議論とは別に、今までとは違い、「海外で**自衛隊**が武力行使をするようになれば、自衛隊員のリスクが高くなる」との議論も出ました。

　5月14日の記者会見では、フジテレビの記者が自衛隊員のリスクの問題を質問しました。その質問に対し、安倍首相は「まるで自衛隊員の方々が、今まで殉職した方がおられないかのような思いをもっておられる方がいらっしゃるかもしれませんが、自衛隊発足以降、今までにも1800名の自衛隊員の方々が、様々な任務で殉

職をされておられます」と発言しました。この発言について、北海道新聞 2015 年 5 月 16 日は、「殉職者の大半は任務中の事故によるもので、戦闘に巻き込まれて亡くなった隊員は、過去 1 人もいない。隊員に『戦死者』が出かねないとの批判をかわす狙いとみられる」と指摘しています。

　この発言はネットでも少なからぬ批判が上がりました。いくつか紹介しますが、「何を言っているんだこいつは！」「この法案によりこれから自衛隊員に死者が出るといっているに等しい」「今までも殉職した自衛隊員は大勢いるから、海外の紛争地で殉職したとしても特別なことではない…そんな理屈って本気で言ってる？」「国内の災害派遣で殉死するのと、米国の戦争で自衛隊が戦死するのは全然意味が違う!!」「問題は、自衛隊員が『殉職』するばかりではない。過失を含めて他国民を『殺す』当事者となる可能性があると言うこと。それは今まで無かったこと」「これまでは自衛隊員は一人も殺してこなかったはずだけど、これから何人殺させるつもりなんだろうか」……(http://togetter.com/li/821636 から)。

　しかし安倍首相は 2015 年 7 月 8 日、自民党のインターネット番組で、安保法制によって自衛官の任務は増えるが、リスクは減ると言っています。

　また、安倍首相は 5 月 14 日の記者会見で、「たとえば PKO について、駆けつけ警護ができるということは、近傍で活動している地域の、例えば子供たちの健康のために、医療活動で従事している日本の NGO の人たちがいて、その人たちに危険が迫って、自衛隊員の皆さんに救援に来てもらいたいと頼まれ、しっかりとした装備をしている自衛隊の皆さんが救援に行けなくていいのでしょうか」とも発言しています。

　安倍首相は、安保法制を成立させたことで、①自衛隊のリスクは減る、②海外にいる NGO が安全になる、と言っています。本当でしょうか？　この問題をここでは考えてみましょう。

自衛隊：1950 年 6 月に朝鮮戦争が勃発すると、マッカーサーは治安維持を名目に警察予備隊の創設を事実上命令した。その後、冷戦が進行するにつれ、アメリカは日本に再軍備と軍事力の増強、そして憲法改正を求めるようになる。そうしたアメリカの要求にしたがい、警察予備隊（陸だけ）は 1952 年には保安隊（陸・海）に、さらに 1954 年には自衛隊（陸・海・空）になる。そして自衛隊になったのちにも、装備の増強が続けられてきた。

自衛隊

　「世界有数の能力を有する海上自衛隊」。これは広島県の呉にある、海上自衛隊に関する資料を展示する「てつのくじら館」での紹介です。現在の装備で言えば、海上自衛隊には、「ひゅうが」「いせ」（全長 195m、基準排水量 13500 トン）、「いずも」（全長 248m、基準排水量 19500 トン）を保有しており、2017 年春には、「いずも」型の「かが」も就役する予定です。これら 4 隻は海外では空母に分類されています。「出雲」の全長は 248m で、戦艦「大和」とは 15 メートルくらいの差しかありません。「世界有数の能力」を自称する自衛隊ですが、「陸海空軍その他の戦力は、これを保持しない」と定めている憲法 9 条に反しないのでしょうか？　この点、歴代政府は、自衛隊は「自衛のための必要最小限度の実力」であるから憲法に反しないとの立場を貫いてきました。法的にも、安倍首相の大叔父の佐藤栄作首相が「わが国の憲法から、日本は外へ出ていく、そんなことは絶対にないのでございます」（1969 年 2 月 19 日衆議院予算委員会）と明言したように、自衛隊は海外に行かないから憲法違反でないとしてきました。ところが 2015 年 9 月、安倍自公政権は安保法制を成立させました。安保法制の成立で自衛隊員のリスクは減ると安倍首相は明言しました。本当でしょうか？　法的な視点から、自衛隊員のリスクの問題を紹介します。

　2015 年 7 月 1 日、衆議院平和安全法制特別委員会で岸田外務大臣は、自衛隊員はジュネーブ条約上の「**捕虜**」には当たらないと答弁しました。つまり、自衛官が海外での戦闘中に身体拘束をされても、ジュネーブ条約の「捕虜」としての待遇を受けず、相手国の国内法で裁かれる可能性があります。国家の命令で海外で戦闘をさせられながら、何かあっても自衛官個人の法的責任が問われる可能性を回避する法的対応をしていないのが、今回の安保法制です。

捕虜：1949 年のジュネーブ第 3 条約などでは、戦闘員は、平時であれば殺人罪や器物損壊罪に該当する行為でも、戦闘員を殺害したり軍事施設を破壊するなどの合法的な資格を持つ。そして敵の権力内に陥った場合でも、国際人道法に反する「戦争犯罪」を犯していない限りは刑事責任を問われることはなく、「捕虜」として国際人道法上の保護を受けられる。

【文献】飯島滋明、清末愛砂、榎澤幸広、佐伯奈津子著、『安保法制を語る 自衛隊員・NGO からの発言』（現代人文社・2016 年）

PKO（国連平和維持活動）と NGO

　1992 年、「**PKO** 協力法」が成立しました。「PKO 協力法」では「武力の行使」を禁止する憲法 9 条との関係で、自衛隊の武器の使用は「正当防衛」や「緊急避難」の場合に限定されました。ところが 2015 年 9 月、安倍自公政権は 11 の法律からなる「安保法制」を成立させました。安保法制の一つである、改正 PKO 協力法では、「駆け付け警護」などの際にも武器の使用が可能にされました。改正 PKO 協力法で、海外にいる NGO 関係者が武装集団に襲われた時などに自衛隊が救援できるというのが安倍自公政権の主張です。

　ただ、実際に海外で活動している NGO 関係者は、①実際の戦闘現場で敵味方を判別することは難しく、「駆け付け警護」は非現実的、②軍や自衛隊の救援により NGO が住民や武装集団から軍の協力者とみなされ、かえって NGO 関係者は危険になると批判しています。①ですが、実際の戦闘では、武装集団が国の正規軍の軍服を着ていたり、市民が武装しているなど、敵味方の判別が困難な場合が多くあり、「住民でさえ、『敵』がどこにいるか特定できない状況の中で、地域の実情も分からない部外者である自衛隊による、NGO スタッフの救出は非現実的」（下記文献 38 頁、86 頁）と指摘します。

　②ですが、たとえば 2013 年 12 月の南スーダン内戦の際、隣国ウガンダが「在留ウガンダ人救出」の名目で南スーダンに空軍を派遣しました。大統領側はウガンダ政府の空軍派兵を歓迎しましたが、反大統領勢力からはウガンダは敵対視され、かえって南スーダンにいるウガンダ人が危険にさらされました（下記文献 58～9 頁）。国内 74 の NGO 団体、NGO 職員ら 547 人が組織した「非戦ネット」は 2015 年 9 月 19 日、「安全保障関連法制採決に対する抗議声明」で、「NGO 職員や現地協力者が紛争当事者から攻撃され、『テロ』の標的となる危険性は格段に高まります」と安保法制を批判しています。

PKO：PKO（Peace Keeping Operations, 国連平和維持活動）とは、冷戦期に安全保障理事会が十分に機能しなかったため、国連が紛争地域の平和のためにおこなってきた活動である。当初は、紛争当事者間の間に入り、停戦や軍の撤退の監視をしてきたが、冷戦後は PKO の任務も多様化し、元兵士の武装解除・動員解除・社会復帰（DDR）など、任務も多様化している。
【文献】谷山博史編『「積極的平和主義」は、紛争地になにをもたらすか?! NGO からの警鐘』（合同出版・2015 年）

失言・暴言❼
シビリアン・コントロール上も問題ない
（中谷元防衛大臣・2015年8月19日）

中谷元防衛大臣。2015年8月19日参議院平和安全法制特別委員会。写真提供：事実通信。

失言・暴言を読み解く

　これは2015年8月19日、参議院平和安全法制特別委員会で中谷元防衛大臣がある文書について説明するために述べた言葉です。このとき問題となった文書は、防衛省統合幕僚監部の内部資料で、同月11日の参議院特別委員会で共産党の小池晃氏がその存在を明らかにしたものです。文書の中には、法案は8月に成立、来年2月ごろ施行といった見通しが記されており、小池氏は防衛省がまだ成立していない法案内容を前提に省内で先々の具体的なスケジューリングを進めていることについて、「軍部の独走だ」と追及し、審議が紛糾したため途中散会となっていました。これを受けたのが19日の一般質疑の冒頭での説明と、それに続く発言です。中谷氏はこの文書の具体的な内容については把握していなかったことを認めつつ、この文書自体については、主要部隊の指揮官らへの説明のために自身の指示で5月下旬に作成させたものだと説明し、「今後具体化していくべき検討課題を整理するもので、統合幕僚監部として当然に必要な分析・研究を行った」、「作業スケジュー

ルのイメージ化のため、仮の日程で記述したもの」で「成立後に行うべき運用要領の策定、訓練の実施、関連規則等の制定は含まれず、シビリアン・コントロール上も問題ない」と述べました（朝日新聞電子版2015年8月19日および20日）。

　同じ発言中、中谷氏はこの文書の「外部流出は極めて遺憾」で、文書取り扱い規則の徹底を指示したと述べました。文書取り扱いのルールとしては、通常の国家公務員法や自衛隊法における守秘義務や文書取扱い規則に加えて、安全保障上の秘密について重い守秘義務と罰則を定めた「特定秘密の保護に関する法律」（以下「特定秘密保護法」）が2014年から施行されており、中谷氏の言葉にはこの法律の運用も含まれていると受け取れます。

　この流れの背景として、2015年2月から4月の動きも見ておきましょう。2015年、安保法制の一括審議よりも一足早く、防衛省内の**文官統制**と呼ばれてきた意思決定システムを廃止する法改正（防衛省設置法12条改正）が行われました。中谷防衛大臣はこの法改正案の国会提出に先立つ2月27日の記者会見で、防衛庁・防衛省と引き継がれてきた文官統制の意義について「（戦前の）軍部暴走の反省とは思わない」と発言しており、これに対して、それまでの政府は文官統制を文民統制の重要な要素と位置づける姿勢を示していたことを正す指摘や、シビリアン・コントロールをどう理解しているかを正す質問が相次いでいました。

　こうした流れを見ると、安全保障をめぐる国会審議では絶えず「シビリアン・コントロール（文民統制）」をどう理解し、どう確保するのか、ということが「問題」となっていたことがわかります。民主主義国家においては、仮に軍隊に準じる実力組織を持つとするならば、主権者がその最終的統制を行えるように情報の開示が行われ、現場の意思決定に常に民主プロセスによる手綱がかかる仕組みができていなければなりません。中谷氏の一連の発言は、「シビリアン・コントロール上大問題」と言わなければならないのです。

文官統制：防衛省内の意思決定において文官（官房長・局長）が制服組に優位するという制度。2015年の法改正ではこれが変更され、両者が対等な立場に置かれた。この法改正は文民統制を弱めるものだとの批判が多くの識者から出されていた。
【文献】青井未帆「文民統制論のアクチュアリティ」水島朝穂編『立憲的ダイナミズム』（岩波書店・2014年）

シビリアン・コントロール（文民統制）

　「文民条項」と呼ばれる憲法66条2項は、「内閣総理大臣その他の国務大臣は、文民でなければならない。」と規定しています。これは日本国憲法制定時には、《日本は軍隊を持たない》という選択を補強するための規定と考えられていましたが、日本に事実上の軍事的実力組織が設置されて以降、この実力組織への「文民統制」を担う条項として読まれることとなりました。

　シビリアン・コントロール（Civilian Control）とは軍事力に対する民主主義的統制のことです。日本を含む多くの国で、軍の最高指揮官は首相や大統領となっていますが、これに対して主権者である国民が最終的判断・決定権を持つという基本原則です。統治の仕組みとしては、軍事組織に対して立法府（国会・議会）が優位します。議会と政府は国民に対し説明責任を負い、国民は彼らの決定への支持・不支持を選挙での投票に反映させることになります。そのため、軍事組織の構成員は、その情報を誠実に開示し、国会（国民）の判断と決定を仰ぐ立場にあります。

　しかし2015年9月に可決された法制には、先に見た「文官統制」廃止のほかにもさまざまな点でシビリアン・コントロールを抜き取る方向が見られました。「世界の平和」のための後方支援について、その都度の特別措置法制定を不要としたこと、平時の周辺海域での自衛隊活動については事態認定要件や活動内容を法制化せず閣議のみで決定できるとしたことなどです。これらはすべて深刻な議会政治プロセスの抜き取りとなります。

　現在の内閣はシビリアン・コントロールを、議院内閣制における総理大臣が軍事組織の責任者となる制度のことだと形式的にとらえているようですが、その理解からは、国民の生命・安全に直結する重要事項に民主主義の血（知）を通わせるという本来の思考が抜け落ちています。

防衛省設置後の経緯：2007年、防衛庁から移行した防衛省が発足し、事実上の軍事に関わる者が「大臣」を務める制度ができた。この時期から、先の文官統制も含めて順次シビリアン・コントロールのタガが外されてきている。2015年8月の国会で明るみに出た内部文書問題はその末期症状を象徴する出来事とみられるのである。
【文献】石川健治「軍隊と憲法」水島朝穂編『立憲的ダイナミズム』（シリーズ日本の安全保障第3巻、岩波書店・2014年）

特定秘密保護法

　安全保障のあり方に「民主的」コントロールの手綱をつなぐためには、国会(国民)への判断材料の提供、つまり情報公開が不可欠となります。ところが、くだんの文書発覚に対して防衛大臣が述べた今後への対処――文書取扱い規則の徹底――は、それとは逆の方向のものでした。それは特定秘密保護法の思考と軌を同じくするものです。

　特定秘密保護法は、国家の安全保障に関する情報のうち「特に秘匿することが必要」な情報を特定し、取扱者の適性評価や、情報が漏洩した場合の罰則について定めた法律です。罰則は最高で懲役10年及び罰金1000万円となります。これは直接には国家公務員に課される法律で、まず公務員の「良心の自由」、国会議事の公開を通じた国民の「知る権利」への重大な制約となります。同時に、マスメディアの取材が公務員の情報漏洩行為の「そそのかし」に当たる可能性があるため、取材・報道の自由が萎縮し、結果的に国民の「知る権利」も狭められることから、ジャーナリストによる違憲訴訟も提起されました(2015年11月18日東京地裁判決、請求却下及び棄却)。この法律は、会計検査院からも、憲法90条に照らして憲法上問題があることが指摘されています。

　日本では自衛隊と日米安全保障体制について考え論じ判断するための重大情報の多くが、国民から遮蔽されてきました。この流れから考えると、2015年の安保法制で《自衛隊の各種「出動」には事前または事後の国会承認を必要とする》というルールが規定されていても、この承認の核心部分になる事実情報が特定秘密保護法による「特定」を受けているため国民や議会に開示されないことが予想されます。これは安全保障問題への民主的コントロールを形骸化させる危険な状況です。私たちは、防衛大臣の示した方向ではなく、民主主義を基礎にした議会政治システムを取り戻す道を模索していくべきでしょう。

民主主義と情報：議会と国民に正確な情報が開示されることは、民主主義国家にとって必須の条件だが、たとえば1971年11月、沖縄返還協定を審議中の衆議院特別委員会で核疑惑問題を含む質疑が打ち切られ強行採決が行われた場面や、同時期、沖縄基地「密約」問題の取材・報道に関して公務員と記者が起訴された「西山記者事件」(外務省秘密漏洩事件・1978年有罪確定)のように、日本では情報公開の考え方が共有されてこなかった。特定秘密保護法はこの路線上にある《民主主義の病理》と言える。
【文献】海渡雄一ほか『秘密保護法　何が問題か――検証と批判』(岩波書店・2014年)

失言・暴言❽
違憲立法かどうかを含めて最終的な判断は最高裁が行う
（安倍晋三首相・2015年7月15日）

砂川事件の最高裁大法廷判決（1959年12月16日）。写真提供：共同通信。

失言・暴言を読み解く

　「……憲法との関係においては、まさに違憲立法かどうかということも含めて、最終的な判断は最高裁が行う、これは憲法にも書いてあることであります。その上において、まさに砂川判決がなされた。……」（衆議院安保法制特別委員会）。

　この発言は2015年7月15日の衆議院安保法制特別委員会における民主党の大串博志議員の質疑への答弁の一部として安倍首相によってなされたものでした。この日は、質疑を重ねれば重ねるほど次々に新たな疑念が出てきた安保法案についての衆議院特別委員会の質疑を打ち切り、委員会採決をするのではないかと危惧されていました。実際に、17日の委員会審議を求める動議を否決し、安保法案が委員会で強行採決されます。この日も安倍首相は、野党議員の質疑にまともに答えることはなく、相手が思っていることを、状況や事実関係を無視して逆に相手に返すと

いう安倍首相や菅官房長官が多用する「論破」テクニックを使って強弁することを、これまでと同じように繰り返しました。長妻昭議員の後に質疑に立った大串議員は、まだ議論が不十分で委員会採決するべきではない、世論調査などをみても国民の理解は全く進んでいないではないか、国民の理解が進んでいないがいずれ理解してくれるという考えはおかしいのではないか、と質疑したあとに、「立憲主義、憲法との関係」として冒頭の安倍首相の答弁につながる質疑をすることになります。

　大串議員は、集団的自衛権の憲法適合性を判断するのは、内閣法制局でもなければ憲法学者でもない政治家としての最高責任者である総理大臣だという趣旨のこと（本書1部4章を参照）を政治家の責任だとしてもあくまでそれは憲法の枠内で行うべきで、最高裁と違い憲法適合性についての制度的な最終判断権をもたない内閣が、憲法改正を経ることなく閣議決定（2014年7月1日）で憲法解釈を変えて違憲のものを合憲にしてしまうのは立憲主義に反するのではないか、そもそも安倍首相は立憲主義を正確に理解できているのか、という質疑をしたところ冒頭の答弁がでてきたのです。

　その後に続く答弁の趣旨としては、憲法適合性に関する最終判断権が最高裁にあることは承知しているが、その最高裁が砂川事件判決で自衛権の合憲性をみとめており、政府は最高裁にも認められた自衛権を憲法の範囲内で十分に確保するという「政治的責任」を果たすために考え抜いて集団的自衛権を憲法適合的ではないという1972年政府見解をだしたのであり、当時とは状況もかわっているので、政府が憲法解釈を変えてもあくまで、最高裁が認めている範囲内であるし、1972年政府見解と違い閣議決定までしているのだから問題ないのだ、というものでした。幾重にも誤りを含む答弁です。

　その後、共産党の赤嶺政賢議員の質疑のあと、委員会質疑が打ち切られ、委員会採決、翌7月16日に衆議院本会議で採決され安保法案は衆議院を通過しました。つぎに2つのキーワードを軸に発言の誤りを検討します。

違憲立法審査権：憲法81条によって最高裁判所に認められた「一切の法律、命令、規則又は処分」の憲法適合性を判断する権限である。81条は最高裁判所を終審としているので、高等裁判所以下の下級裁判所にも違憲立法審査権があるとされ、実際に下級審でも行使されている。立法府も行政府も（地方自治体も）違憲の立法や処分をなすことはできないので、違憲立法審査権自体はないが、裁判所の違憲立法審査にたえられるかどうか自身の部局で確認している。その中でも内閣法制局は重要な役割を果たしてきた。

内閣の政治的判断の限界

　安倍首相の答弁の誤りのポイントは、内閣法制局の位置づけにあります。内閣法制局は内閣法制局設置法によって内閣に置かれ、主管省庁から出される原案が内閣提出法案（閣法）として閣議決定される前に法的妥当性（このなかにはもちろん憲法適合性も含まれます）をあらゆる角度から審査し、内閣を補助する重要な部局です。内閣としては、憲法適合性の最終判断権は最高裁にあるのだから、かつての内閣法制局が集団的自衛権について一貫して憲法違反であるとしているとしても、最高裁はそうした判断をしておらず、かつ現在の内閣法制局の判断では砂川事件判決が限定的な集団的自衛権の行使を憲法上肯定しているように解釈できるので問題ないのだという思いがあるものと思われます。しかし、ほかならぬ安倍首相がいうように、内閣法制局は憲法適合性について最終判断権をもつ機関ではありません。あくまでこれまでの憲法判断から行政における法的専門家（長官人事の慣例が小松一郎長官就任でやぶられ、信頼性が大きく低下していますが）として内閣に意見を上申する機関です。その専門家の意見を十分に理解した上で実際に閣法として法案を提出するかどうかを決める政治的判断をする政治的責任をもっているのが内閣であって、内閣法制局ではないのは当然のことです（従前の見解から逸脱している問題もあります）。

　内閣法制局はそのような機関ですから当然ですが、これまで違憲とされてきたものをさしたる理由もなく行政の判断で合憲に転換できる機関ではないことはいうまでもないことです。実際、かつて島聡衆議院議員の**質問主意書**への答弁書（内閣衆質159第114号）で閣僚の公式参拝と憲法の文民規定を政府による解釈変更の例としてあげていますが、前者はその後の判例の変化で無意味になっていますし、後者は司法が認めているわけではないので（文民規定を根拠に具体的に事件化することは困難ですのでそもそも裁判にならないからですが）行政による憲法解釈変更の例としては苦しいものだといえるでしょう。

質問主意書：国会議員に認められた調査（権）の一つで、文書の形で政府に質問する。委員会や本会議においての質疑のように議題による限定はなく国政一般について質問することができ、議員一人でも質問することができる。政府は質問に対して答弁書を閣議決定し総理大臣名で回答する。集団的自衛権の憲法適合性など、質問答弁によって明確になった政府の解釈もすくなくない。

【文献】浦田一郎編『政府の憲法九条解釈』（信山社・2013年）

最高裁判所

　安倍首相の答弁の誤りのもう一つの重要なポイントは最高裁判所の行う憲法判断の意味合いについての理解にあります。日本の裁判所はあくまで具体的な法的紛争について司法として裁定するものです。その具体的紛争についてもあくまで、具体的に訴えられた事項についてだけ判断を下すことになっています。三権分立の下では、民主的な正統性を根拠に立法を行うことも、立法に基づいて権力を行使する行政を行うことも、司法の役割ではありません。司法はあくまで政治的な判断ではなく、法的な判断をすることによって、政治的にではなく、法的な妥当性を確保するために存在しているのです。問われていないことには何も判断していないのです。砂川事件についていえば、問題になっていたのはあくまで在日米軍基地の憲法適合性であり、日本の集団的自衛権などまったく問題になっておりませんでした。しかも判断を下していないということは、文字通り判断を下していないだけであって、暗に（集団的自衛権を）認めているわけではないことはいうまでもありません。

　日本の裁判所が判断を下すのは、具体的な法的紛争であって、まだ具体的に違法な権利侵害がおこったりしているわけではない事柄（立法や、行政のおこなう処分など）についてではないのだということを示す判例として**警察予備隊違憲訴訟**があります。警察予備隊違憲訴訟判決の中で最高裁は、司法の（日本国）憲法上の役割にこだわり、憲法的、法的根拠なしに、とくに最高裁が憲法判断について排他的な権限をもつ憲法裁判所として機能することはできないとしたのです。ただし、警察予備隊違憲訴訟については2点注意すべきところがあると思われます。1つめは、警察予備隊を合憲としたものではないことです。2つめは、立法によってドイツの連邦憲法裁判所が行っているような抽象的違憲審査を明示的に排除しているわけではないということです。前者は憲法判断をしていない、後者は政治部門、そして国民が判断するべきだということです。

警察予備隊違憲訴訟：警察予備隊の設置、それ以降の一切の行為の違憲無効の確認をもとめて、日本社会党を代表して鈴木茂三郎が最高裁に直接提起した行政訴訟。最高裁は「現行法」上裁判所に抽象的違憲審査権が認められていないとして訴えを却下した（最大判1952・10・8）。大法廷の裁判長、最高裁長官は、砂川事件でアメリカからの干渉を率先して許し司法の独立を大きく毀損したことが後に判明する田中耕太郎であった。
【文献】佐藤守男『警察予備隊と再軍備への道』（芙蓉書房出版・2015年）

失言・暴言❾
たいていの憲法学者より私は考えてきた
（高村正彦自民党副総裁・2015年6月11日）

衆議院憲法審査会で意見表明に臨む自民党の高村正彦副総裁（2015年6月11日）。写真提供：時事通信。

失言・暴言を読み解く

「……私は、憲法の法理そのものについて学者ほど勉強してきた、というつもりはない。だが、最高裁の判決の法理に従って、何が国の存立をまっとうするために必要な措置かどうか、ということについては、たいていの憲法学者より私の方が考えてきたという自信はある……」。

これは、2015年6月11日の衆議院憲法審査会の自由討議で、自民党会派の代表者として発言した高村正彦自民党副総裁が、審査会後の朝日新聞などの取材に対して答えた発言です（朝日新聞電子版2015年6月11日）。

なぜ、高村氏はこのような発言をしたのでしょうか。これは、2015年6月3日の衆議院憲法審査会の参考人質疑で、出席した長谷部恭男早稲田大学教授・小林節慶應義塾大学名誉教授・笹田栄司早稲田大学教授の3人が、衆議院で審議中の「安保法案」（戦争法案）を憲法違反と発言したため、これらに反論する必要があったからです。自民党にとっては、3人とも憲法学者（研究者）で、特に長谷部氏は自民党推薦だったため、ショックが大きかったのです。

高村氏の発言概要は、衆議院憲法審査会ホームページ上に掲載している「会議日誌」によれば、以下の通りです。
　・砂川判決は、個別的自衛権の行使は認められるが集団的自衛権の行使は認められないとは言っていない。当時の最高裁判事は集団的自衛権という概念が念頭になかったとの主張もあるが、同判決の中で国連憲章は個別的自衛権と集団的自衛権を各国に与えていると明確に述べているので、この主張は誤りである。
　・確かに、**47年見解**及びその後の政府見解などでは、その時々の安全保障環境に当てはめて集団的自衛権は「必要な自衛の措置」に入らず行使できないとしているが、安全保障環境が大きく変化している中で、「必要な自衛の措置」とは何かについて、政府、国会が不断に検討していく必要がある。
　・最高裁は、9条の規定にもかかわらず、「必要な自衛の措置」はとり得るとしており、何が必要な措置かは時代によって変化していく。実際の政策は、最高裁の判決で示した法理のもと、内閣と国会に委ねられているのであり、過去の安全保障環境を前提にした当てはめ部分にまで過度に縛られる必要はない。
　・平和安全法制は違憲との意見があるが、先般の閣議決定における憲法解釈は、我が国を取り巻く安全保障環境の大きな変化を踏まえて、砂川判決の法理のもとに、かつ、これまでの憲法解釈との論理的整合性と法的安定性に十分留意して、47年見解などの従来の政府見解における9条の解釈の基本的な論理、法理の枠内で、合理的な当てはめの帰結を導いたものである……。
　確かに、高村氏は弁護士資格を有する国会議員であり、平均的な国会議員よりは専門家といえるでしょうが、一般論としては憲法学者（研究者）より専門家といえるとは思えません。そもそも、考え方や学説は、誰かより考えてきたほうがより正しいというものではありません。高村氏の考えが多くの憲法学者（研究者）より正しいのか否か、高村氏が依拠する砂川判決をまず検討し、続いて今回議論になった集団的自衛権の問題を考えてみましょう。

47年見解（昭和47年政府見解）：1972年10月14日に参議院決算委員会に提出された政府資料のことで、「……わが国が国際法上右の集団的自衛権を有していることは、……当然といわなければならない。……しかしながら、……憲法が、右にいう自衛のための措置を無制限に認めているとは解されないのであって、……集団的自衛権の行使は、憲法上許されない」とした。
【文献】奥平康弘・山口二郎編『集団的自衛権の何が問題か　解釈改憲批判』（岩波書店・2014年）

砂川判決

　安倍政権は、これまで積み重ねてきた集団的自衛権などに関する政府解釈を2014年7月1日の閣議決定で変更しました。この閣議決定の大まかな内容は、①「武力攻撃に至らない侵害への対処」（離島警備への自衛隊の迅速な対応と平時における米軍等の部隊防護など）、②「国際社会の平和と安定への一層の貢献」（他国軍隊への兵站（活動）とPKO活動などでの武器使用権限の拡大など）、③「憲法第9条の下で許容される自衛の措置」（「存立危機事態」での集団的自衛権の行使）です。この中の、集団的自衛権行使容認論を導き出すために、高村氏は砂川判決に言及したのです。

　この砂川判決とは何でしょうか。これは、1957年の米軍の立川基地拡張に対する反対運動の中で、デモ隊の一部が基地内に侵入したことに対して、「日本国とアメリカ合衆国との間の安全保障条約第3条に基づく行政協定に伴う刑事特別法」違反として起訴された事件で、東京地裁は日本政府が米軍の駐留を許容したのは憲法9条2項に反するとし、被告人を全員無罪にしたのです（東京地裁1959年3月30日判決）。一方で、最高裁は「憲法第9条は日本が主権国として持つ固有の自衛権を否定しておらず、同条が禁止する戦力とは日本国が指揮・管理できる戦力のことであるから、外国の軍隊は戦力にあたらない」として原判決を破棄しました（最高裁大法廷1959年12月16日判決）。

　従来、政府は戦力の保持を否認した憲法9条2項があるため、自衛隊は「実力」とし、個別的自衛権しか行使できないとしてきました。1972年見解では結論は集団的自衛権行使の否定です。しかし、安倍政権は集団的自衛権行使容認を引き出すために、砂川事件最高裁判決の「必要な自衛の措置」の中に集団的自衛権も含まれるとし、安全保障関係が変化すれば1972年見解の結論は変えてもいいと主張したのです。しかし、これは時の政権の判断で簡単に憲法解釈が変わる**解釈改憲**であり、憲法学界の議論では聞かない暴論ともいえるものです。

解釈改憲：自民党は2014年4月発表の「日本国憲法改正草案」で、国防軍が集団的自衛権を行使できるとしたように、集団的自衛権の行使容認は憲法改正をしないとできないと考えていた。しかし、憲法改正は時間がかかるし、ハードルも高いので、まずは最も簡単な憲法解釈の変更を行ったのである。これは立憲主義の否定ともいえる行為である。
【文献】戦争をさせない1000人委員会編『すぐにわかる　戦争法＝安保法制ってなに？』（七つ森書館・2015年）

集団的自衛権

　国連憲章51条は、国連加盟国に個別的自衛権だけでなく集団的自衛権についても行使を限定的に認めています。しかし、だからといって国連加盟国は国連憲章に規定されていることを全て履行する必要があるわけではありません。集団的自衛権に関していえば、スイスやオーストリアは永世中立国のため行使しませんし、コスタリカなどの「軍隊のない国家」も行使しません。行使しないことが国際社会で大問題になったということも聞きません。

　また、集団的自衛権権は自然権ではなく、国連憲章によって確立された権利です。ただし、この国連憲章の基になる1944年のダンバートン・オークス提案に、集団的自衛権は明示されていませんでした。中南米諸国が他国から攻撃された時に、自国だけで防衛することに対する不安から集団的自衛権の保障を要求し、当初、必ずしも積極的ではなかったアメリカが国連憲章に明記したという経緯があります。この当時の集団的自衛権は、隣り合う小国が他国の武力攻撃からお互い助け合って守るものと想定されていたのです。

　しかし、米ソ冷戦が始まると、この性格が変わります。米ソなどが集団的自衛権を根拠に、ＮＡＴＯやワルシャワ条約機構などの軍事同盟を締結するのです。これまで集団的自衛権を行使してきた事例を見ても、アメリカのベトナム戦争やソ連のアフガン侵攻など、集団的自衛権行使国はその多くが大国であり、大国が小国へ侵攻・侵略する時に悪用されてきたのです。

　憲法9条は暴力（戦争）のない状態を目指す点で、「消極的平和(negative peace)」を部分的に追求する規範といえます。日本の自衛隊が集団的自衛権を行使するようになることは、**憲法9条の独自性**を失わせ、日本が「戦争する国」になることを意味します。第1次世界大戦以降の少しでも戦争を規制しようと努力してきた世界の戦争違法化の流れの中で、「優等国」ともいえる憲法の平和主義を有する日本を「普通の国」にレベルダウンすることになるのです。

憲法9条の独自性：憲法9条の独自性は、1項で「戦争と、武力による威嚇又は武力の行使」を「永久にこれを放棄する」とし（国連憲章は2条4項で「慎まなければならない」にとどまる）、2項で「戦力は、これを保持しない」としているところにある。今回の集団的自衛権行使容認論は、憲法9条1項と2項の独自性を否定する憲法無視の考えである。
【文献】木村朗ほか編『21世紀のグローバル・ファシズム──侵略戦争と暗黒社会を許さないために』（耕文社・2013年）

失言・暴言❿
マスコミを懲らしめるには、広告料収入がなくなるのが一番
（大西英男衆議院議員・2015年6月25日）

「文化芸術懇話会」の初会合で発言する百田尚樹（右）氏（2015年6月25日）。写真提供：共同通信。

失言・暴言を読み解く

　「マスコミを懲らしめるには、広告料収入がなくなるのが一番なんですね。これは、われわれ政治家には言えないことです。ましてや安倍総理も言えないことだが、不買運動じゃないが、日本を過つ企業に広告料を支払うなんて、とんでもないということを、経団連だとかに働きかけして欲しい。朝日、毎日、東京新聞を読むと、もう血圧が上がってですね、どうしようもない。国民はあれにだまされている。ですから、マスコミを正すいい方法があれば、お知恵を頂きたい」。

　以上は、2015年6月25日に自民党本部で開かれた同党保守系議員らによる勉強会「**文化芸術懇話会**」において、大西英男衆議院議員（元東京都議）が、講師の百田尚樹氏に対して質問したとされる発言の内容です（朝日新聞電子版同年6月30日）。そもそも同会合は、首相を応援する議員らが中心となって政権支持派

の文化人を講師に招くことで政権の支持拡大を目指すものですから、そこで政権に批判的な報道機関が目の敵にされるのは自然の成り行きなのかもしれません（上記質問に同調する発言は他議員からもありました）。日本社会の中にも多様な価値観が存在し、上記のような発言をする人がそれなりにいることも事実でしょう。憲法で表現の自由が保障されている以上、自分自身が賛同できないから、品がないからとかいう理由で、そうした発言を法的に規制すべきだと言うつもりもありません。それでは、上記発言の何が問題なのでしょう。

　実際、当勉強会での発言は、報道各社で大きく問題とされました。槍玉にあがった朝日、毎日、東京新聞はもちろんのこと、百田氏から批判された琉球新報と沖縄タイムスの2紙は編集局長名で共同声明を出して、百田発言を「政権の意に沿わない報道は許さないという"言論弾圧"の発想そのもの」と批判しました（両紙6月27日）。これだけなら、攻撃を受けた側が反撃に出ただけの話に思えるかもしれません。しかし、特に批判されてもおらず、現政権には比較的好意的な論調の多い読売新聞までもが「看過できない『報道規制』発言」（6月27日社説）として問題視したことは注目です（産経新聞は、他社より遅れて6月30日社説「主張」で、問題発言をした議員への批判を述べました）。

　報道側が報道全体の問題と捉えたのに対し、政府側の反応は些か異なります。特に首相は当初、事実なら大変遺憾だとしながらも、党内の私的な会合一々について政府として示す立場にないし、わびるかどうかは発言した人物のみが責任を負うことであり、党内では私的な勉強会で自由闊達な議論があるが、言論の自由は尊重しなければならないとして（衆議院安保法制特別委員会2015年6月26日議事録より要約）、政府の問題ではなく、発言者個人の問題であるとしました（党としては、会の代表ら4人を処分し、幹事長謝罪の後、7月3日には党総裁として謝罪）。ここで考えたいのは、「表現の自由」が公権力にとって都合の良い支配の道具になっていないかという点です。「自由闊達な議論」と言いますが、同日開催予定だった**リベラル系議員の勉強会**が、党執行部の要請により取りやめとなった事実をどう考えたらよいでしょうか。

文化芸術懇話会：自民党「タカ派」の若手・中堅国会議員らが立ち上げた勉強会。2015年6月25日、首相側近議員を含む37名で発足。設立目的は、芸術家との意見交換を通じ、「心を打つ『政策芸術』を立案し、実行する知恵と力を習得すること」。

過去を学び「分厚い保守政治」を目指す若手議員の会：2015年5月7日、20数名で発足した、首相とは距離を置く自民党の若手リベラル系国会議員の会。6月25日に中止された会合は、7月1日に別講師を招いて開催された。

百田発言

　"言論弾圧"とされた**百田尚樹**氏の発言はどんなものだったのでしょうか。件の懇談会は私的会合ということで、冒頭2分程度報道陣に公開された後は非公開となったため、そこでの発言を正確に再現することは難しいのですが（報道各社は出席者への聞き取り等によって記事を作成）、同氏の著書『大放言』（新潮新書・2015年）に事件についての記載があるので、そちらから紹介しましょう。これによると、問題の発言は、講演後の質疑応答の中で出てきたものです。

　ある議員が**琉球新報**と**沖縄タイムス**に批判的な意見を述べ、氏に感想を求めたので、「私も沖縄は、あの二つの新聞社がめっちゃ頭にきてね。僕ね、琉球タイムス（筆者注：ジョークとのこと）でしたか、一回記事に大きな見出し書かれてね。『百田尚樹、また暴言』って。『また暴言』はないやろって（笑い）。本当にもう、あの二つの新聞社から私は目の敵にされているんで。まあほんとに、沖縄のあの二つの新聞社は本当はつぶさなあかんのですけども（笑い）」と答えたというのです。この中の「沖縄の新聞社はつぶさなあかん」という部分が問題視されたのですが、百田氏は、出席者にはギャグとわかる口調だったし、本気でつぶそうなんて気はないと言っています。このように私的な集まりで冗談を言うくらい良いではないかと思う人もいるかもしれません。しかし、いくら私的と銘打っても、政治家が政策を立案・実行する能力を習得するための勉強会で、講師の発言が参加者に与える影響は大きいし、ジョークの効用も馬鹿になりません。表現の自由は、送り手と受け手の相互作用で成り立つ権利ですから、送り手はその表現が受け手にどんな影響を与えるかを考える必要があります。これに関して、前述の沖縄2紙は、共同声明で「百田氏の発言は自由だが、政権与党である自民党の国会議員が党本部で開いた会合の席上であり、むしろ出席した議員側が沖縄の地元紙への批判を展開し、百田氏の発言を引き出している」点にも注目しています。結局、公権力側の姿勢の問題でもあるということです。

百田尚樹：作家。著書『永遠の0』他。NHK経営委員在任中（2013年11月〜2015年2月）、2014年都知事選での田母神俊雄候補への応援演説で、「南京大虐殺はなかった」「東京大空襲は大虐殺」「人間のクズ」発言で物議を醸した。
沖縄2紙：沖縄県で講読される新聞全体に占める割合は両紙で9割超（発行部数は拮抗）。「報道圧力」問題をめぐる一連の報道と対応で、第20回新聞労連特別賞受賞(2016年1月)。
【文献】山田健太『法とジャーナリズム（第3版）』（学陽書房・2014年）

報道の自由

　憲法の意義が公権力の抑制にあることからすれば、表現の自由（憲法21条）は、個々人が公権力に対抗するための手段を保障するという意味があります。「報道の自由」はその重要な部分を担うのですが、それについては、博多駅テレビフィルム提出命令事件（最大決1969年11月26日）において、「報道機関の報道は、民主主義社会において、国民が国政に関与するにつき、重要な判断の資料を提供し、国民の『知る権利』に奉仕するものである」と判示されています。報道の自由は、報道機関をのさばらせるためではなく、私たち一人ひとりのためにあるということを忘れてはならないでしょう。

　この点については、本章冒頭で紹介した大西議員も「一応」承知してはいるようで、問題発覚後の記者団とのやりとり（朝日新聞電子版2015年6月30日他）の中で「言論の自由や表現の自由っていうのは民主主義の根幹ですよ」「マスコミの人たちがそれぞれの、自分たちの思想信条をどのように語ろうとそれは自由ですよ」と言っています。

　その一方で、同議員は、「懲らしめようという気はあるんですよ。一部マスコミですよ。だって社会的制裁をうけてないじゃない（別の箇所では「日本の名誉を陥れ、日本の信頼を傷つけた朝日新聞……は社会的な責任、何も取ってないじゃないですか」）とも主張するのです。そこで、本章冒頭の発言が出てくるのでしょう。民主主義を標榜する立場からはあからさまに「懲らしめろ」とは言えないが、巧妙に「懲らしめ（コントロールし）たい」気持ちはあるといったところでしょうか（但し、経済団体を使った広告圧力の実現可能性は極めて低いと、7月4日付中日新聞は指摘しています）。どうやら大西議員にとって、望ましい報道とそうでない報道とがあり、後者には国民を触れさせたくないようです。しかし、その線引きを政治家がして良いのか、そうして一部マスコミを排除して国民の判断材料を狭めて良いのか、考える必要がありそうです。

報道に関わる近年の出来事：2014年衆議院解散後、自民党が放送各局に選挙報道の中立を求める文書送付。2015年4月、自民党本部にテレビ朝日、NHKの幹部が呼ばれて事情聴取。2016年度改編期に向けて、報道番組のキャスター等相次いで降板。2016年2月、高市総務相、放送電波停止を命ずる可能性に言及。2015年報道の自由度ランキング（国境なき記者団発表）で日本は180ヵ国中61位に後退（最高順位は2010年の178ヵ国中11位。
【文献】ノーム・チョムスキー『メディア・コントロール』（集英社新書・2003年）

失言・暴言⓫
核兵器も法文上運搬可能
（中谷元防衛大臣・2015年8月5日）

1945年8月9日、長崎に原子爆弾が投下され、立ち上るキノコ雲（長崎上空）。写真提供：時事通信。

失言・暴言を読み解く

　「〇白眞勲君……法文上可能かどうか、イエスかノーかだけお答えいただきたいと思います。この法律によって、もう一回聞きますよ、この安保法制、十一本の安保法制によって、これからは日本の自衛隊が核兵器を運ぶことが可能になるかどうか、イエスかノーかだけでお答えいただきたい。
　〇国務大臣（中谷元君）法文上は排除はしておりませんが、ただし、そういうことは全く想定もしておりませんし、非核三原則がございますのであり得ないということでございます。……」（2015年8月5日の参議院平和安全法特別委員会議事録より）。
　中谷防衛大臣は、安保法制が「核兵器を運ぶことを認める法律なのか」との質問に対し、「核兵器の運搬は想定していない」という発言で逃げ切ろうとしました。しかし、白眞勲議員（民主党）からの「法文上可能かどうか、イエスかノーか」という繰り返しの追及で、ついに「法文上は排除はしておりません」と答弁せざるを

得なくなりました。

　法律の解釈について私たちがよく想定するのは、①裁判所が、②裁判の判決を書くために行う解釈でしょう。一方で、裁判のような争いになる前の段階でも、ⓐ国の役所は、ⓑ一つひとつの業務を処理するために、関連する法律を解釈しながら仕事を行っているはずです。

　そのような解釈の際に材料になるのは、第一に、法律の文面そのものです。もちろん、それ以外にも解釈の材料になり得るものはたくさんあります。たとえば、その法律が必要とされるに至った社会的な状況や原因など、解釈にあたって確かめなければならないことはたくさんあるでしょう。しかし、法律の解釈である以上、「法律の文面＝法文」を離れて解釈することはできません。

　安保法制の審議では、たびたび会議が紛糾しました。その原因のひとつは、「法文上、なにが定められているか」ではなく、「政府はいま、何をしようとしているか（しないようにしているか）」という主観的な立場から答えるという態度に政府が終始したことが挙げられます。このような態度は、法律の役割をないがしろにするものです。なぜなら、法律には、ある程度の期間にわたって通用する一般的なルールを設けることによって政府を拘束するとともに、そのことによって市民の権利を守るという役割があるからです。言い換えれば、政府による、その場その場の勝手な判断や行動を許さないところに、法律の存在意義があるのです。

　中谷防衛大臣は核兵器の運搬について「想定していない」という答弁を繰り返しました。「では、想定せざるを得ないと政府が判断した時にはどうなるのですか、この法律案はそれを許す内容なのですか」ということは、この法案審議の最重要ポイントのひとつであったといってよいでしょう。

　さて、**核兵器**の問題は、**日本国憲法**の平和主義を生み出したヒロシマ・ナガサキの経験とも関わるものです。また、核兵器のみならず、戦争に必要な武器・弾薬をはじめとする物資の運搬は、戦争の帰趨を決するものでもあります。次頁以降でこの点について検討しましょう。

核兵器と日本国憲法：1957年5月7日の参議院予算委員会で、岸信介首相（当時）は、「自衛権を裏づけるに必要な最小限度の実力であれば、私はたとえ核兵器と名がつくものであっても持ち得るということを憲法解釈としては持っております」と発言している。しかし、他の兵器と核兵器との決定的な性質の違いに鑑みれば、核兵器を「必要最小限度の実力」と言うことはできない。
【文献】川崎哲『核兵器を禁止する』（岩波書店・2014年）

非核三原則

　中谷防衛大臣は、核兵器の運搬を「想定していない」理由として、非核三原則をたびたび挙げました。非核三原則は「核兵器を、持たず、作らず、持ち込ませず」という政策をいいます。米軍に占領されていた小笠原諸島の返還に関連して、佐藤栄作内閣総理大臣が示したとされています。

　そもそも日本国憲法は、「**陸海空軍その他の戦力**」を放棄しています。また、自国の戦力さえ放棄しているのですから、自国の命令が及ばない外国の戦力が日本に存在することも、日本国憲法は認めていないと考えなくてはなりません。このような点からいえば、あえて「非核三原則」と言うまでもなく、「核兵器を、持たず、作らず、持ち込ませず」というのは当たり前のことと言えるでしょう。

　しかし現実政治の過程では、非核三原則は大きな働きをしてきたのもたしかです。核拡散防止条約批准の際には、衆参両院においてそれぞれ付帯決議で非核三原則の遵守を確認しています。国会がこのような決議をしなければならなかったのは、核兵器に関する市民の意思を、非核三原則が体現しているからこそでしょう。また、非核三原則は、日本政府が現実にはアメリカの「核の傘」の下にいることの矛盾を浮き立たせ、政府の野放図な核政策をおさえる役割を果たしてきました。とりわけ「持ち込ませず」という原則について言えば、日本政府とアメリカ政府の間における「核密約」の存在の問題は、日本政府が長年にわたって行ってきた説明と現実との矛盾を改めて明らかにすることとなりました。

　安保法制の審議において、主観的な「想定」とはいえ、中谷防衛大臣が繰り返し「核兵器の運搬は想定していない」と言わざるを得なかったこと、それにもかかわらず、結局、「法文上は」核兵器の運搬は「排除はしておりません」という答弁をせざるを得なかったこと、政府が抱えるこの矛盾を明らかにした力が、非核三原則にあったと言えるのではないでしょうか。

陸海空軍その他の戦力：日本国憲法が「戦力」を放棄したことは、国連憲章が軍隊の存在を前提としていることと大きく異なる。この違いは、国連憲章の作成がヒロシマ・ナガサキの前（1945年6月）だったのに対し、日本国憲法の公布がヒロシマ・ナガサキの後（1946年11月3日）だったことに由来すると考えなくてはならない。人類の滅亡をも可能にする核兵器の惨禍を経験してはじめて、世界は軍隊とあらゆる兵器の廃絶へ本格的な一歩を踏み出したと言えよう。
【文献】長崎総合科学大学平和文化研究所『新版 ナガサキ―― 1945年8月9日』（岩波書店・1995年）

兵站・後方支援

　これまで日本政府は、自衛隊が海外で活動することを認める法律を作ろうとするたびに、詭弁とも言える説明をたびたび行ってきました。小泉首相（当時）が、イラク復興支援特措法の定める「非戦闘地域」の定義について、「自衛隊が活動している地域は非戦闘地域だ」との説明をしたのは記憶に新しいところです。

　戦争や武力の行使について、「前線」と「後方」、あるいは、「戦闘」と「兵站」の区分に特別な意味を持たせる論法も、同様の詭弁と言えましょう。現代の戦争では、前線だけが戦場になるわけではありません。とりわけ、**低強度紛争**の場合やテロの危険性がある場合には、前線と後方の区分は、「安全か否か」という観点においては、ほとんど意味を持たなくなります。また、戦闘を継続する前提として、いかに兵站が重要かは、「輜重輸卒（しちょうゆそつ）が兵隊ならば、蝶々トンボも鳥のうち、……電信柱に花が咲く」と兵站を軽視した日本軍が第二次大戦で敗北したことによって、既に70年前に証明されています。この点からすれば、これまた、戦闘と兵站の区分はほとんど無意味です。

　このような区分が無意味になるということは、海外で戦闘や兵站を担う自衛隊だけが標的になるだけではなく、日本国内にとどまっている一般市民もまた、攻撃の対象となることを意味します。しかも現代の戦争や武力行使においては、いかに強大な軍隊を持ってしても、自国への攻撃を防ぎ得ない場合があるということは、2001年のアメリカ同時多発テロ事件で明らかになりました。

　安保法制が、核兵器の運搬を「法文上は排除はして」いないとすれば、自衛隊の航空機・艦船・車両が核兵器を運搬しているものと見なされることは、軍事上、なんの不思議もないでしょう。日本政府はこの点で、安保法制の「成立」により、きわめて危険な第一歩を踏み出したと言えます。

低強度紛争：一般的には、国家間の通常戦争より下位のレベルの紛争で、日常的・平和的競争より上位のレベルの、国家あるいは集団の間の政治的・軍事的対立のことを指す。国家や軍隊がその主体となることもあるが、軍隊以外の集団が主体となる場合やテロのような形態を取ることも多いため、低強度紛争の場合には、対立を終結させ平和を解決する方策を採ることが、通常の戦争よりもいっそう難しいと言われる。

【文献】藤原帰一・大芝亮・山田哲也『平和構築・入門』（有斐閣・2011年）

失言・暴言⓬
法的安定性は関係ない
（礒崎陽輔首相補佐官・2015年7月26日）

参議院平和安全法制特別委員会で答弁する礒崎陽輔首相補佐官（2015年8月3日）。写真提供：時事通信。

失言・暴言を読み解く

　「法的安定性は関係ないんですよ。我が国を守るために必要な措置であるかどうかということが基準になるべきなんです」。

　以上は、2015年7月26日、礒崎陽輔**首相補佐官**が地元大分市での講演の中で、集団的自衛権行使容認論の立場から、憲法の法的安定性について発言したものです（YouTube「『法的安定性は関係ない』礒崎陽輔　総理大臣補佐官」より）。安保法案が7月16日に衆議院を通過し、27日に参議院で審議入りする直前の時期、法案化の実務を担当し、参議院議員でもある同氏にしてみれば、まさに法案可決に向けて気合い十分といったところでの発言だったのでしょうが、それが思わぬ反響を呼ぶことになってしまいました。

　礒崎氏といえば、過去にもその発言が物議を醸したことがありました。2012年4月に公表された自民党改憲案に対する批判を受け、その起草委員会事務局長だった同氏は、ツイッターで次のようにつぶやいて世間の失笑を買いました。「時々、

憲法改正草案に対して、『立憲主義』を理解していないという意味不明の批判を頂きます。この言葉は、Wikipediaにも載っていますが、学生時代の憲法講義では聴いたことがありません。昔からある学説なのでしょうか」（2012年5月28日ツイート。ちなみに氏は東大法学部出身で、旧自治官僚）。

　ところで、今回の「法的安定性」発言が問題だとして報道で大きく採り上げられた際、読者の皆さんの中には、ある種の違和感を覚えた人もいるかもしれません。なぜなら、首相の側近が行った発言であれば、首相をはじめとする政権与党は、この発言にこぞって「同調」して発言者をかばい立てするかと思いきや、どうもそういう反応ではなかったからです。問題の発言について、自民党幹部からも苦言が呈せられ（谷垣幹事長「極めて配慮に欠けたことだ」。二階総務会長「緊張して国会運営をしていれば、あんな言動はしない」）、安倍首相も「法的安定性を確保するのは当然のことだ。そこに疑念を持たれるような発言は慎まねばならない」と言っています。つまり、「失言」であることを認めたも同然であり（但し、菅官房長官は擁護発言）、礒崎氏本人も、8月3日の参議院安保法制特別委員会での参考人招致質疑において、問題の発言を撤回するに至っています（但し、辞任については否定）。その釈明の要点は次のようなものでした。すなわち、法的安定性が重要であることはもとより認識しており、今回の安保法制において、必要最小限度の武力の行使しか認められないという従来の政府見解における憲法9条解釈の基本的論理はまったく変わっておらず、合憲性と法的安定性は確保されているとした上で、発言の仕方を誤ったことで「大きな誤解」を与えてしまったのでお詫びするというのです。

　ここまでくると、「結局、当初の発言のどこがそんなに問題だったのだろう？」「ほんとに誤解で片づけられる問題なの？」「法的安定性ってそんなに大事なものなの？」「憲法解釈とどう関わるの？」といった疑問が次々にわいてきます。そこで、以下、「法的安定性」と「憲法解釈」をキーワードとして、これらの点についてもう少し詳しく見てみましょう。

首相補佐官：正式名称は内閣総理大臣補佐官。内閣官房に5名以内で設置され（内閣法22条1項）、その職務は「国家として戦略的に推進すべき基本的な施策その他の内閣の重要政策のうち特定のものに係る内閣総理大臣の行う企画及び立案について」総理を補佐すること（同条2項）。総理は同補佐官の中から「国家安全保障に関する重要政策を担当する者」を指定することができ（同条3項）、礒崎氏は、2012年12月から2015年10月までその任に当たった。

法的安定性

　礒崎氏の「失言」は、ちょっとした「言い間違い」の問題だったのでしょうか。そうした発言が1回限りのものなら、そうとも言えるかもしれませんが、法的安定性に関する同氏の発言は、問題の発言だけではなかった点にも注意する必要があります（前述の参考人質疑で、民主党福山議員は、同氏が他にも「法的安定性でね、国守れますか、そんなもので守れるわけないんですよ」と言っていると指摘）。礒崎氏は、参考人質疑で、「法的安定性とともに、国際情勢の変化についても十分に配慮すべきだと言うべき」だったと述べましたが、ここで「国際情勢の変化」という言葉に注目して下さい（質疑では、同旨の「我が国を取り巻く安全保障環境の変化」という表現とともに何度も強調されています）。これは、礒崎氏だけでなく、政府が一連の安保法制を正当化する根拠として繰り返し使ってきた論法です。問題発言では、こうした「変化」に対応する政策的判断の方が、法的「安定」性などという法原則（法の縛り）よりも優先される基準だという「本音」を率直に語っていたと思います。しかし、それでは「法的安定性は確保されている」とした**政府見解**の「建前」を否定することになるため、「関係ない」発言は撤回せざるを得なくなったのです。

　なぜ法的安定性を否定してはマズいのでしょうか。それは、法治国家を標榜する以上、法の大原則を無視するわけにはいかないからです。法的安定性は、「法の制定、改廃や、法の適用を安定的に行い、ある行為がどのような法的効果を生ずるかが予見可能な状態をいい、人々の法秩序に対する信頼を保護する原則」（『法律用語辞典（第4版）』〔有斐閣〕）と言われますが、その主眼は社会秩序の維持にあります。それがなくなったら法の存在意義は失われてしまい、混乱状態に陥ってしまうため、この原則を害する恣意的（不安定）な法解釈や運用は厳に慎まなければなりません。法的安定性の是非は法治国家の根幹に関わる問題で、決して「そんなもの」で片づけられるものではないのです。

政府見解：憲法9条の「法的安定性は確保されており、将来にわたっても確保できる」とする政府見解の要点は、9条の下でも「必要最小限度」に限られるなら自衛の措置は認められるとした1972年政府見解の基本的論理の範囲内だという解釈に基づいている。すなわち、新三要件によって集団的自衛権が全面的には認められていないのだから必要最小限に留まっているのだ、という理屈（2015年7月27日参議院本会議での首相答弁参照）。
【文献】団藤重光『法学の基礎（第2版）』（有斐閣・2007年）

憲法解釈

　言うまでもないことですが、憲法は国の最高法規であり、これによって法律以下の下位規範も規定されていきます（この意味で、中谷防衛大臣の 2015 年 6 月 5 日の衆議院安保法制特別委員会での答弁「現在の憲法をいかにこの法案に適用させていけばいいのか」発言は、言語道断です）。憲法の内容が変われば、自ずと下位規範も変わってきます。ただ、こうした変化は、憲法の文言を変えなくても、憲法「解釈」の変更によってもたらされることもあるのです（いわゆる「**解釈改憲**」）。憲法の意義が、私たちの幸せを実現するために公権力に縛りをかける点にあることを考え合わせると、憲法解釈が安直に変えられることには注意が必要です。

　この点について、問題発言のあった講演で礒崎氏は、「『憲法解釈を変えるのはおかしい』と言われるが、時代が変わったのだから政府の解釈は必要に応じて変わる」（大分合同新聞 2015 年 7 月 28 日。同記事は、礒崎氏の HP にも掲載）とも言っています（ちなみにこの点についての発言撤回はされていません）。もちろん、解釈についての議論自体はあってもいいでしょう。問題は、この発言の根底に、「政府の都合」と「政府の独断」で憲法解釈が際限なく変更される危険性が潜んでいるという点です。この危険性は、「法的安定性」のところで述べた問題（「国際情勢の変化」の強調）と合わせるとさらに高まります。なぜなら、「国際情勢の変化」を指摘する主体は政府であり、本質的に権力濫用傾向を有する政府がその気になれば、国会すら通さずに閣議によってその判断を確定させることもできるからです（この場合、反対を唱える国民的議論は残念ながら国会以上に眼中におかれないでしょう）。法的安定性のブレーキが効かず、憲法解釈上の縛りもなければなおさらです。実際、一連の安保法制が、2014 年 7 月の閣議決定や、2015 年 4 月に再改訂された日米ガイドラインに基づいていることを考えれば、あながち非現実的な危惧とも言えないでしょう。

解釈改憲：憲法の解釈や運用について認められる限界を超えて変更がなされる場合、本来ならば厳格な憲法改正の手続（憲法 96 条で、各議院の総議員 3 分の 2 以上の賛成で国会が発議し、国民投票で過半数の賛成を得ることが必要と規定）を執るべきところ、それをせずに憲法解釈の変更によって明文改憲と同じ効果を生じさせることを指して、特に批判的意味合いを込めて使われる用語。
【文献】渡辺洋三『法とは何か（新版）』（岩波新書・1998 年）

第2部
未来に希望を与える名言

名言❶
これまで政治的無関心と言われてきた若い世代が動き始めている
（奥田愛基さん・2015年9月15日）

公聴会で、意見を述べる「SEALDs」の奥田愛基さん（右端）。2015年9月15日。写真提供：時事通信。

発言を読み解く

　2015年9月15日、東京。この日の最高気温は28度。慣れないスーツとネクタイのせいで一際蒸し暑く感じたことでしょう。この日の参院安保法制特別委の中央公聴会、23歳の大学生・奥田愛基さんは、名だたる大学教授や法律家たちとともに公述人として、安保法案に反対する意見を述べました。

　「……強調しておきたいことがあります。それは、私たちを含め、これまで政治的無関心と言われてきた若い世代が動き始めているということです。これは、誰かに言われたからとか、どこかの政治団体に所属しているからとか、いわゆる動員的な発想ではありません。私たちは、この国の民主主義の在り方について、この国の未来について、主体的に一人一人、個人として考え、立ち上がっていったものです」。
　「……私たちは、一人一人、個人として声を上げています。不断の努力なくして、この国の憲法や民主主義、それらが機能しないことを自覚しているからです……」（参院安保法制特別委公聴会）。

　本章では、この奥田さんの発言中に登場する「個人として声を上げ」ることと「不

断の努力」に着目し、その意義について考えたいと思います。

　さて、同年 5 月 15 日に国会に提出された安保法案については、その前年 7 月 1 日の「集団的自衛権容認」閣議決定の頃から多くの憲法学者や弁護士がその問題性を指摘し、また従来からの市民団体による反対運動も展開されましたが、とくに 6 月以降、それらに加え大学生・高校生・主婦といった、従来どちらかというと政治的表現活動にあまり関わらなかった層からも反対の声が上がり、やがて国民全体を巻き込んだ全国的な反対運動となりました。8 月 30 日の国会周辺での約 12 万人のデモはその象徴とされます。

　ところで、この 2015 年の安保反対運動を 1960 年のいわゆる「**60 年安保闘争**」に準える向きがあります。しかし、社会運動論の視点からはともかく、憲法学の立場からは（どちらが良い・悪いではなく）大きな違いを一つ挙げることができると思います。それは、1960 年の若者たちと違い 2015 年の若者たちは徹底的に「個人」、そして単数形の「私」にこだわっていた点です。

　その表れとして、奥田さんもそのメンバーである若者たちの団体「SEALDs（自由と民主主義のための学生緊急行動）」がそのツイッター公式アカウント（@SEALDs_jpn）のトップに掲げていた自己紹介文を引用します。「……私の意思を、私の言葉で、私の声で主張することにこそ、意味があると思っています。私は私の自由と権利を守るために、意思表示することを恥じません。そして、そのことこそが私の〈不断の努力〉であることを信じます」。……なんと、この短い文章の中に単数形の「私」が 6 回も使われているのです。彼らの行動原理が「私」個人であることは疑念の余地がないところです。

　私個人の考えを私個人の言葉で表し、それを私個人の責任において引き受ける――このことを日本国憲法、とりわけ「表現の自由」を保障する 21 条、「個人」の尊重を謳う 13 条、そして「国民の不断の努力」に言及する 12 条の 3 カ条に即して考えてみましょう。

「**60 年安保闘争**」：1959 年から 60 年にかけて、日米安全保障条約（1951 年締結のいわゆる「旧安保条約」）の改定反対を主張して展開された市民・学生・労働者らの運動の総称。国会前のデモも激しく、最大 30 万人以上の市民が国会を包囲したといわれる。1960 年 6 月 19 日、本条約は参議院での議決がないまま自然承認となったが、安倍晋三現首相の祖父・岸信介率いる当時の内閣は混乱の責任を取る形で総辞職した。
【文献】栗原彬（編）『六〇年安保――1960 年前後』（岩波書店・2015 年）

表現の自由とその限界

　ところで、SEALDsというと「民主主義（立憲主義）ってなんだ！これだ！」、あるいは「Tell me what democracy looks like！This is what democracy looks like！」といったノリのよい、簡潔なコールの印象が強いかもしれません。しかし、そのノリのよさは、先述したように彼らが自由な個人として考え、紙媒体で発表した文章、SNSで発信した言葉、そして国会正門前、渋谷ハチ公前、日比谷野音等での抗議行動で発した声の膨大な蓄積に裏づけられています。このように自由に文章を書いて発表し、また言葉を発することができるのは、憲法21条が「言論、出版その他一切の表現の自由」を保障しているからに他なりません。つまり、彼らの自由な発言・主張は憲法によって保障されているのです。

　もちろん、表現の自由は常に100％保障されるというわけではありません。たとえば他人を脅迫、あるいは中傷するような発言は、刑法では処罰の対象となり、民法では不法行為とされて損害賠償責任が生じることもあります（「**公共の福祉**」による制約）。とはいえ、たとえば食堂の営業許可と同じレベルで表現行為が法規制されるのも困ります。そこで、表現の自由を規制する法律は、他の自由（たとえば経済活動の自由）を規制する法律よりもその必要性を厳しく吟味しなければならない（「二重の基準」論）とされます。

　そのように手厚く保障されるはずの表現の自由ですが、心配なことに、近年の日本ではこれが蔑ろにされるような事件が相次いでいます。その一例が「立川反戦ビラ入れ事件」（2005年）です。これは、反戦・反基地運動を行ってきた団体のメンバーが自衛隊イラク派遣反対を訴えるビラ配布の目的で自衛隊官舎の共用部分に立ち入っただけで住居侵入罪とされた事案です。21世紀の日本で、集合住宅の郵便受けにビラを投函しただけで犯罪となってしまったのです。

　声を上げ始めた市民たちとそれを抑えつけようとする権力。この関係に私たちは一層敏感になるべきではないでしょうか。

公共の福祉：基本的人権の制約原理。憲法学の通説によれば、①マスメディアの報道の自由と政治家・著名人のプライバシー権のように、ある人の人権と他の人の人権の間に生じる矛盾や衝突を調整するための実質的公平の原理、②大企業のような社会的・経済的強者の経済活動の自由を政策的に制約し、中小零細企業のような弱者を保護する、社会国家・福祉国家的論理に基づく原理の2種類がある。
【文献】立川反戦ビラ弾圧救援会『立川反戦ビラ入れ事件』（明石書店・2005年）

「個人」の尊重と「不断の努力」

　次に、奥田さんの発言にある「個人」と「不断の努力」に着目します。
　まず、この「個人」は、明らかに日本国憲法13条の「すべて国民は、個人として尊重される」という文言を意識したものと思われます。「個人の尊重」と言うとあまりにも平凡ですが、彼に限らずSEALDsのメンバーたちは様々な場面で繰り返し「個人」という言葉を口にします。このこと自体、戦後日本の市民運動の文脈に照らすと画期的なことのように思われます。というのも、従来日本では、彼の言葉を借りれば「どこかの政治団体」への所属が重視され、「動員的な発想」に基づいた運動が多かったように思われるからです。
　次に、「不断の努力」に目を向けましょう。これも、やはり憲法12条の「この憲法が国民に保障する自由及び権利は、国民の不断の努力によって、これを保持しなければならない」という文言に由来すると考えられます。一つ注意すべきは、この国民の「努力」は決して法的な「**義務**」ではないということです。というのも、憲法は国民ではなく国家が守るべき規範だからです。つまり、この「努力」は道義的な「責務」であるといえるのです。むしろ、だからこそこの国民の「努力」の価値は一層貴いといえるでしょう。
　そして、この「国民の不断の努力」は、日本という枠を超え、世界史的な意義を帯びています。それを示すのが、日本国憲法に登場するもう一つの「努力」に言及した97条の「この憲法が日本国民に保障する基本的人権は、人類の多年にわたる自由獲得の努力の成果であつて、これらの権利は、過去幾多の試錬に堪へ、現在及び将来の国民に対し、侵すことのできない永久の権利として信託されたものである」という文言です。日本国憲法は、一義的にはもちろん日本国民の自由と権利を守ることを目的としていますが、そこに書かれている内容は世界共通の普遍的価値とされるものです。日本国民は、この価値を守ってゆく道義的責任を負っているとはいえないでしょうか。

国民の義務：憲法には3つの国民の義務が明記されているが、「教育」の義務はその子女に対する保護者の義務、「勤労」の義務は訓示規定、「納税」の義務は「法律によらなければ課税できない」という租税法律主義がその趣旨であると解され、いずれも国家に対する法的義務ではないとされる。なお憲法99条は「…公務員は、この憲法を尊重し擁護する義務を負ふ」とする（傍点引用者）。この条文の主語が「国民」ではないことは、決定的に重要である。
【文献】樋口陽一『個人と国家――今なぜ立憲主義か』（集英社・2000年）

名言❷
勝手に決めるな
（全国各地で使われた安保法制反対行動でのコール）

安保法制反対の国会前デモ。2015年8月30日。写真提供：時事通信。

発言を読み解く

　この言葉は2015年夏、安保法制の強行成立を目指す政府与党に向けられたものですが（朝日新聞2015年7月12日「天声人語（主権者は私たちだ）」など）、よく考えると少し不思議です。安保法制に賛成した国会議員はいずれも選挙で選ばれた人たちでした。ですから、安保法制は市民と全く無関係に「勝手に」決められたわけではありません。だとすると、この言葉はどのように理解すればよいのでしょうか。

　まず確認しておきたいのは、日本国憲法は「市民が国会での審議に対して文句を言ってはならない」とは一言も述べていないという点です。確かに憲法41条は国会が「国の唯一の立法機関」であると述べており、国会以外の主体が法律を制定することはできません。けれど他方で、憲法21条1項は「集会、結社及び言論、出版その他一切の表現の自由」を保障すると述べています。裁判所や憲法学者は、人権の中でもとりわけ表現の自由（特に政治的表現）を特に手厚く保護すべきと考

えていますが、それは表現の自由が民主主義の実現・維持に不可欠だと思われているためです。というのも、メディアなどを通じて政治や経済などに関する情報を獲得できなければ、選挙で誰に投票すべきなのか判断できません。

　では、表現の自由が活躍する場面は選挙前だけなのでしょうか。例えば、デモや集会、ビラ配りなどの政治的表現はどうでしょう。裁判所や学者は、これらの表現活動も大切であり、できる限り自由に認めるべきだ、と一応は言っています。しかし、ほんのちょっとデモやビラ配りをしたところで、すぐに政治が変わるわけではありません。むしろ、デモをすれば車が渋滞するし、うるさいし、ビラを配られても邪魔なだけ、と考える人は多いかもしれません（毛利透『表現の自由』〔岩波書店・2008年〕）。裁判所もこのような理由から、政治的表現の制限をしばしば安易に認めてきました。ここに見られるのは「市民が政治に参加する『有効』な手段は選挙での投票のみであり、その他の手段は『無駄』である」という、いわば「選挙至上主義」とでも呼ぶべき考え方です。200年以上前、これに関して参考になる言葉を残したのがフランスの思想家ルソーです。彼は議会制を自慢するイギリス人を皮肉ってこう述べています。「彼ら〔イギリス人民〕が自由なのは、議員を選挙する間だけのことで、議員が選ばれるやいなや、彼らは奴隷となり、無に帰してしまう」（『社会契約論』第3編第15章）。ルソーの言葉を借りれば、私たちは選挙が終了すれば議会に一切物申すことができず、ひたすら議会の命令（＝法律）に従う「奴隷」なのだ、ということになりそうです。でも、本当にそうなのでしょうか。

　2015年夏に問われたのは、まさにこの問題だったように思われます。ですから、「勝手に決めるな」という言葉は「私たちは奴隷ではない」という宣言だった、といえるかもしれません。

　それでは、さらにこの問題を考えるため、「選挙の意義」と「国会」という2つのキーワードを取り上げてみたいと思います。

社会契約説：政府や社会は、自由や安全の実現という目的のため、人々が合意に基づく契約によって設立するものである、という考え方（特に、ヨーロッパの思想家であるホッブズ、ロック、ルソーらによるものが有名）。したがって、政府が人々の自由や安全を守らない場合、人々は政府を交代させることができるということになり、イギリス、アメリカ、フランスなどの市民革命を正当化する根拠となりました。
【文献】小熊英二『社会を変えるには』（講談社現代新書・2012年）

選挙の意義

　選挙は「特定の地位（国会議員など）に就く人をみんなで選ぶこと」などと定義されます。選挙のやり方（選挙制度）には様々な種類があります（現在、日本の衆議院選挙の中心は**小選挙区制**というやり方です）。それでは、なぜ選挙が必要なのでしょうか。

　第1に、市民の代表者である議員を選ぶためです。本来なら社会全体に関わる問題は、市民みんなで話し合って決めることが望ましいように思われます。しかし、小さな村ならともかく、現在の人口規模の国家でそれを行うことは困難です。よって選挙などで代表者を選び、議会をつくって政策を決めることになるわけです。市民による選挙を通じて代表者が決まり、その代表者たちが政治を行うことによって、（間接的ではあるものの）市民が自らの手で自らの政治を決めているのだ、と考えることができます。したがって、選挙は「みんなのことはみんなで決める」という民主主義（いわば集団的な自己決定）にとって大切な手段なのです。

　しかし、自分が1票を投じた候補者が常に当選するとは限りません。落選した候補者に投票した人は民主主義に参加しているといえるのでしょうか。ここで選挙の第2の意義が登場します。もし自分が投票した候補者が落選したとしても、その候補者が一定の票を獲得していれば、それが政治において一定の意味を持つことがあります。議員の行動を左右する要因の1つは、何といっても「次の選挙で勝てるか」です。したがって、落選した候補者がそれなりの票（支持）を獲得していた場合、その公約を、当選した候補者が一定程度取り入れることがあります。その方が次の選挙で自分に有利になる場合があるからです。以上のように、自分が1票を投じた候補者の当選・落選だけで単純に選挙の意義を評価すべきではありません。

小選挙区制：1つの選挙区において、得票数トップの候補者1名だけが当選する選挙制度を小選挙区制といい、得票数順に2名以上の候補者が当選する選挙制度を大選挙区制といいます。また、議席数を各政党の得票数に比例して配分する比例代表制という選挙制度もあります。一般に、小選挙区制では大きな政党だけが議席を獲得しやすいのに対し、比例代表制では中小の政党も一定の議席を獲得する傾向があります（大選挙区制は両者の中間的な性格）。
【文献】小沢隆一ほか編『市民に選挙をとりもどせ！』（大月書店・2013年）

国会

　2015年の安保法制反対行動（**政治的表現**）に対しては、「選挙で選ばれた国会に文句をいうな」という批判の声がありました。この批判は、「選挙で良い候補者を選べば、政治は勝手に上手く進んでいく（はずだ）」という考えを前提にしているように思われます。しかし厳しい言い方をすると、この考えはかなり「ムシの良い願望」だと私は思います。

　経済的・社会的な状況は常に変化します。よって、選挙時は適切だった公約も、選挙後に変更が必要となる場合があります。また、選挙時は素晴らしい公約を掲げていた政党が、一旦政権を獲得したらその公約を破ることもしばしば見られます。また今回問題となった「集団的自衛権」のように、選挙時の公約（自民党「参議院選挙公約2013」）には一言も書かれていなかった政策が、選挙後に突然打ち出されることもあります。市民が選挙でどんなに素晴らしい政治家を選んでも、政治家が人間である以上、時には間違えることもあるし、わざと悪事をはたらくことだってありえます。だからこそ選挙後も市民が議会をチェックし続け、時には「そんなことをしていたら次の選挙で落とすぞ」と声を上げることが必要になるのです。そんなことをしても「無駄」だ、という意見もあるでしょう。確かに安保法制は国会で通ってしまいました。しかし、当初は安保法制に対する立場が曖昧だった民主党や維新の党は、最終的には徹底抗戦の姿勢に変わりました。この「大転換」は、国会前をはじめ、全国で展開された市民の抗議行動がなければ到底起こりえなかったでしょう。「無駄」と思われていたデモや集会が、議会の内部を動かしたのです。このように、議会は一度選べば終わりではなく、常にメンテナンスが必要なのです。これは大変「めんどくさい」作業ですが、私たちが「奴隷」にならないために必要なコストといえるでしょう。

政治的表現：テレビCMや新聞広告には大金が必要です。よって、あまりお金を持たない人々が自分たちの意見を多くの人に知ってもらうために、公共の場で行うデモ、集会、ビラ配りなどの政治的表現は重要な手段であり、憲法でしっかりと保障する必要があります。なお、デモを行う場合、事前に都道府県の公安委員会へルートなどを申請する必要があります。
【文献】TwitNoNukes編著『デモいこ！──声をあげれば世界が変わる　街を歩けば社会が見える』（河出書房新社・2011年）

名言❸
日本を確実に守りたいなら、ぜひ学者の意見を聞くべき
(長谷部恭男早稲田大学教授・2015年6月15日)

安全保障関連法案について記者会見する長谷部恭男氏(左)と小林節氏。2015年6月15日、日本記者クラブ。写真提供・時事通信。

発言を読み解く

　この発言は早稲田大教授の長谷部恭男氏が2015年6月15日の日本記者クラブで行われた講演・記者会見のまえに行われた外国特派員協会での講演・記者会見のなかで出たものです (https://www.youtube.com/watch?v=rPDc0EB5Fo4)。長谷部氏は6月4日に行われた**衆議院憲法審査会**で**参考人**として安保法案は憲法違反であると明確に述べています。長谷部氏は秘密保護法の制定過程で、2011年8月から6回開かれた「秘密保全のための法制の在り方に関する有識者会議」の5人の委員の1人で、自公政権の意向を法的に専門家の立場から整え、支える重要な役割を果たしていました。長谷部氏本人の主観的思いはともかく、自公政権にとっては政権側の方針を専門的に整え、少なくとも表面上の法的な正当性・妥当性を与えてくれる都合のいい存在だったのだろうと思われます。

　すでに衆議院の安保法制特別委員会での審議が5月22日から始まっていました

が、衆議院の憲法審査会でいわば政権の立場を代弁してくれる存在として参考人に呼ばれたであろう長谷部氏が安保法案は違憲であると述べたことは、長谷部氏としては専門家として知見を述べているに過ぎないのですが、自公政権にとってはショックだったようです。審査会後、長谷部氏を参考人に呼んだ者を処分するべきだという趣旨の発言（6月11日国会内で記者に対し山東昭子山東派会長）がでるなど、政権側に都合のいい見解に専門的な正当性・妥当性を形式的に加える体裁さえ整えてくれれば（そうした役割をテレビに出てくる多くの「有識者」「文化人」「タレント」がはたしています）いいのだ、といった発言が続くことになります。「国民の命と平和な暮らしを守り抜くために自衛のために必要な措置を考え抜く責務がある。これを行うのは憲法学者ではなく政治家」（6月11日衆議院憲法審査会での高村正彦自民党副総裁発言）、「日本の憲法学界で……9条と自衛の措置の限界について突き詰めた議論がされたことを……私は知らない」（同日衆議院憲法審査会での北側一雄公明党衆院議員発言）、「安保法案を『まったく違憲でない』とする著名な憲法学者もたくさんいらっしゃいます」（6月4日菅官房長官の記者会見での発言）。特に最後の発言は、のちに政権側が示した「著名な」安保法案合憲論の「憲法学者」が学界では無名で、ほとんど評価されることのない数名だけだった点で衝撃的でした。

　冒頭の長谷部氏の発言は、立法過程においては、さまざまな見解、知見を考慮に入れ検討するべきであり、そのなかには専門的知見を有する専門家の意見も入れられるべきで、政権自身にとって都合の悪い見解だったのでその専門家の意見を検討から外してしまう、その専門家の専門性を否定してその専門家の見解を無効化してしまう、そんなことをしていたらまともな立法などできるはずがなかろうという安全保障分野の憲法研究者の中での専門家としての（長谷部氏の安全保障についての独特な学説が一般的なものとは言いがたいとはいえ）知見を述べたものだったと言えます。以下二つのキーワード（「学者とは」、「政治家と政党」）を軸にさらに検討していきます。

衆議院憲法審査会での三人の発言：2015年6月4日の衆議院憲法審査会に参考人として招致された長谷部恭男早稲田大学教授（自民党推薦）、小林節慶應義塾大学名誉教授（民主党推薦）、笹田栄司早稲田大学教授（維新の党推薦）の3人が全員、安保法案は憲法違反であるとする発言をしたことをさしている。【文献】衆議院憲法審査会のウェブサイト http://www.shugiin.go.jp/internet/itdb_kenpou.nsf/html/kenpou/189-06-04.htm（2015年12月13日閲覧）

学者とは

　行政府についても立法府についても、じつは司法府についてもいえることなのですが、公的責任を担う者（公職者）が公的に決定をするさいに、関係する分野の専門家の知見を十分に参考にしなければならないのはなぜでしょうか。一つには、政治家は広範な国政上の問題のすべてにおいて十分な専門的知識や経験を持っているわけではなく、また、専門的な知見を理由に選挙されているわけではないということがあげられます。選挙で有権者はあくまで立候補者や政党の政策や政治的能力を総合的に判断して投票しています。そうであれば、国会議員にはもともとそのままでは専門的な事項に関する判断を十分にすることを期待することはできないのです。また大臣は基本的には政治家ですからほかにもいろいろある政策分野の中でたまたまその分野の担当大臣になったに過ぎません。国政全般を担当する総理大臣になればなおさらでしょう。

　サイードがいうように権力に対して真実を語る重要な役割が専門家にはあります（エドワード・W・サイード著、大橋洋一訳『知識人とは何か（平凡社ライブラリー版）』〔平凡社・1998 年〕139 頁以下）。専門家の中には当然法学の専門家も入ります（テレビによくでてくるタレント弁護士やあやしげな主張をするタレント研究者は本当の専門家ではありません）。福島第一原発事故を調査した**国会事故調**は、期間も短期間でまだまだ調査すべきことは残されたとはいえほかの事故調に比べて深く調査できましたが、それは政府と関係がない弁護士も入っていたからでもあります。国会議員だけではとうていあれほどは調査できなかったでしょう。行政府にも、たとえば内閣法制局のような専門的法律家集団がいるので外部の専門家の意見を聞かなくても問題ないのではないかというとそうではありません。法務・総務・財務・経産出身でも次長経験者でもない長官が就任する異例の人事が行われて以来これまで積み上げてきた信頼が大きく毀損されています。外部の（法）学者の知見がいっそう必要なのです。

国会事故調：東京電力福島原子力発電所事故調査委員会法によって国会のもとにおかれた独立調査委員会。委員長とほかの 9 名の委員からなる委員会で 2011 年 10 月 30 日に両院議長から任命され、2011 年 12 月から 2012 年 7 月まで活動した。規制当局に対する国会の監視、政府の危機管理体制の見直し、被災住民に対する政府の対応、電気事業者の監視、新しい既成組織の要件、原子力法規制の見直しについても重要な提言もしている。
【文献】『国会事故調報告書』（徳間書店・2012 年）

政治家と政党

　政治を具体的に動かしているのは政治家と政党です。代表制の下では政治家と政党が、国民・有権者の政治的意思を具体化する装置として非常に重要なものになります。その政治家と政党が、国会の委員会に呼んだ専門家である参考人の知見をないがしろにする、内閣法制局の人事を異例な形で操作することによってその専門性を無効化する、といったことを 2012 年 12 月の第 2 次安倍政権発足後いたるところでするようになっていますが、もちろん立憲主義的な代表民主制における政治家・政党として望ましいことでありません。あらためて政治家、政党、政治家と政党の関係を冒頭の発言との関わりで考えてみましょう。

　前の頁でも述べましたが、政治家に期待されているのは政治的な判断であって、その前提になる専門的知見や経験は専門家から政治家に適切な形で伝達され、真摯に受けとめられなければなりません。そうでなければ、民主的に選挙された国民の代表者による妥当な政治的判断はなされないのです。

　そうした政治家の行いを討議を通じてまとめる政治的な組織として重要なのが政党です。また衆参で 700 人にもなる国会議員間の討議を実効化するだけでなく、それぞれの政党の党員や支持者、それ以外の市民から政治家へ様々な方法で伝えられた意見や要望を具体化する装置として政党が必要なのです。

　しかし、政党はあくまでそのままではばらばらな政治家がそれぞれの党派（その背後にいる有権者）にとっての「国民的意思」を具体化するための道具に過ぎませんから、政党は政治家が妥当な政治的判断をなすために、発言の例でいえば学界でも有数の憲法研究者（つまりその道の専門家）の知見を真摯に受けとめて、それを十分に取り入れられるように協力するべきなのです。また、民主主義にとってはこうした**与党**政党の行動を正常に保つためにも、対抗勢力としての**野党**が野党として十分に機能している必要があります。

与党・野党：政権を担当している政党・党派を与党、政権を担当していない政党・党派を野党という。多くの民主制国家においては、議院内閣制をとっている国では首相をだす議会党派が与党であり、大統領制をとっている国では大統領をだしている党派が与党である。ただし、政権与党ではなかったとしても実質的に協力関係にある党派は、民主政治に対抗関係から貢献しないので野党とは言えない。

【文献】吉田徹編『野党とは何か』（ミネルヴァ書房・2015 年）

名言❹
政権交代を実現させた上で同法を廃止すべき
（小林節慶応大学名誉教授・2015年9月20日）

デモする小林節氏（前列中央）と近藤昭一衆議院議員（小林氏左隣）ら2015年7月18日、名古屋市中区。写真提供：共同通信。

発言を読み解く

　2015年9月20日都城市内での講演で、**小林節慶応義塾大学名誉教授**は、「でっかい弁護団を作ってもらおうと思っている」と述べ、安保法に対する違憲訴訟の提起へ向けた準備を明らかにするとともに、「政権交代をすればちゃらにできる」として「来年の参院選で野党共闘の実を上げることが必要」と、かなり踏み込んだ発言をしました（朝日新聞2015年9月21日）。

　小林教授は、改憲論者として学界内でもかなり異彩を放っており、30年来自民党の改憲派の勉強会にも出席し議論を主導してきました。北朝鮮の核保有疑惑に伴う朝鮮半島有事が懸念され有事法制が騒がれていた頃には、教授は「憲法9条に関する政府見解の変更、有事法制の整備、ひいては憲法改正が急務だ」と述べていますし（読売新聞1994年6月10日）、衆議院の日本国憲法調査特別委員会に参考人として出席した時には、自民党の改憲草案に成績をつけるとすると何点かと高市早苗委員より尋ねられ、90点と答えてもいます（2006年5月18日）。

そのような教授が、「立憲主義」をテーマにした2015年6月4日の衆議院憲法審査会において、特別委員会で審議中だった集団的自衛権の行使を認める安保法案について、他の参考人の長谷部恭男早大教授、笹田栄司早大教授とともに、憲法違反であると批判したのです。メインテーマから脱線した「傍論」にも拘らず政府与党肝煎りの政策が違憲と批判されたこと、自公連立与党推薦の長谷部教授がそう述べたこと、その後、従来政府見解を担ってきた歴代法制局長官も違憲と批判したこともあり、この法案の問題点が注目を浴びました。しかし、「長年、改憲派の大ボスというイメージ」を持たれ、「自民党のブレーン」とも周囲から目されてきた小林教授が法案を違憲と言ったことで、理論的ながら分かり易い比喩でズバズバとものを言う小林節（ぶし）も手伝って、記者会見や講演会に引っ張り凧のところ、上記の発言が教授の口から飛び出したのです。

　ところで、小林教授のこの発言の要旨は2点。一つは、集団的自衛権の行使を可能にすることで問題となっている自衛隊法や周辺事態法の改正が憲法に違反すると裁判所に認めてもらうために、「でっかい弁護団を作って」違憲訴訟提起へ向けて準備を進めているという点、もう一つは民主主義の常道、つまり、もしこの法律が違憲ならば、こうした法律を作る現在の政府与党を主権者国民が次の選挙で落とし、真っ当だと国民の考える別の政府与党を作ってこの法律を廃止すればいいだけの話なので、「来年の参院選で野党共闘の実を上げ」、「政権交代をすればちゃらにできる」という点です。要するに、安倍政権の安全保障政策が違憲だと考える人達にとっては、2015年7月の与党による強行採決によって安保法案が成立してしまったので既に終わってしまった出来事、なのではなくまだ闘いは続いているということ、それには違憲訴訟を通じて裁判によって決着させる方法と選挙を通じて政権交代によって決着させる方法の2つのやり方がまだ残っているということです。

　そこで以下では、教授の提案する違憲訴訟と政権交代という方法の可能性と限界について、考えていきましょう。

小林節慶應義塾大学名誉教授：安保法の違憲発言で注目を浴びているが、「護憲的改憲派」と自称するように、改憲論者であることには変わりがない。その教授が安倍内閣や自民党に反旗を翻すのは、憲法は権力を縛ることで国民の権利自由を擁護するもの（立憲主義）ということに、自民党の政治家が余りに「無知・無教養だから」である。返す刀で、護憲論者に対しては、「憲法を護ろう！」ではなく、「『憲法を権力者に守らせよう！』と叫ぶべき」だ、とも言う。

違憲訴訟

　日本国憲法 81 条は、裁判所は「一切の法律……が憲法に適合するかしないかを決定する権限を有する」と規定しています。たとえ多数決であっても、それより上位の憲法に違反する内容の決定なら違憲無効である、と裁判所が判決する権限です。政治権力に拘束的に作用する点で立憲主義に基づく制度です。

　しかし、自分の気に食わない法律が多数決で決ったからといって、誰でも彼でも違憲訴訟を提起し、何でも彼でも裁判所が違憲無効と言えるわけではありません。例えば、イラク特措法に基づく**自衛隊のイラク派遣**を違憲とした**名古屋高裁判決**で考えましょう。本件で名古屋高裁は、イラクに派遣された自衛隊の活動には戦闘地域で多国籍軍の武力行使と一体化した後方支援活動もあり、憲法 9 条 1 項に違反する活動を含むが、それだけでは、原告がこの違憲行為に強制的に加担させられ或いは原告の平和的生存権が侵害される被害を被ってはいないとして、違憲確認請求も損害賠償請求も差止請求も認めませんでした。理屈で考えれば違憲というだけでは、裁判所は違憲審査権を行使できないのです。

　それ故に小林教授は、一方で違憲な安保法によって我々が平和に生きる権利が傷つけられたという訴訟の準備を公言していますが、他方で訴訟技術的な困難性も認識しています。従って、日本が集団的自衛権を行使したため、敵国が日本を攻撃したり国際テロ組織が日本でテロを実行して、日本人が死んだり自衛隊員が殉職した時には、遺族がこの法律の違憲性を争うことはできます。ただ、上述のように未だ被害のない訴えは認められにくいとしても、イラクに派遣された自衛隊の活動に違憲なものがあると「裁判所」が判示することは、政治権力に対してインパクトを持ちます。また、今回政府が集団的自衛権の行使を可能としたことで、我々の平和的生存権や幸福追求権に対する侵害の脅威は格段に高まりました。その意味で、伊藤真弁護士や山中光茂前松阪市長などの提訴が全国民に広がることは、政治権力の専制化に対する抑止力になり得ます。

自衛隊イラク派遣名古屋高裁違憲判決：この判決は、自衛隊が絡む従来の裁判同様、原告の訴えを退けている。にも拘らず画期的だと評されているのは、空自が行う戦闘地域への多国籍軍の武装兵士の輸送活動は、「戦闘地域」であるバグダッドで実施された「武力行使と一体化」した行為で違憲だ、と初めて認めた点、及び、原告の主張する平和的生存権の権利内容を明らかにした点にある。
【文献】水島朝穂「イラク判決　政府の法解釈もとに違憲」朝日新聞 2008 年 4 月 18 日

政権交代

　違憲訴訟という方法は、一定のインパクトを政治権力に対して持ち得るにしても、技術的にも困難で時間と犠牲を要します。もう他に手はないでしょうか。
　まだあります。それが小林教授の言う「**政権交代**をすればちゃらにできる」です。2009年の「民主党」への政権交代を失敗だと思っている国民も多いようですが、「政権交代」自体を失敗と考えることは誤りです。民主主義国家ならどこでも政権交代（swing of pendulum）は通常の出来事なのに、日本では、選挙による政権交代が戦後70年近く経過して漸く起きたことの方が歪(いびつ)なのです。換言すれば、政権交代可能な対抗勢力を育ててこなかったこれまでの国民自身が歪だったのです。だから、小林教授の発言は、側聞にはぶっきら棒に思えますが、民主主義国家として至極当たり前のことなのです。
　そんなこと言っても、国民は選挙で首相を選べない、という人がいるかもしれません。それも誤りです。現在の選挙制度は、問題を多々抱えながらも、選挙で勝った議会の多数政党（与党）の党首が、それを背景に首相として、与党の党首として取りまとめたマニフェストを基軸に政策を実行できるので、どの政党を勝たせるために主権者として一票を投ずるかは、誰を首相としてどのような政策を実施させたいかと直接に関わってきます。ですから、我々は首相を直接選べるのです。他方で、野党は多数決では負けるのに何でも反対ばかりで非生産的だ、という声もよく聞かれます。これも誤った認識です。野党は確かに多数決では負けますが、野党の役割は決定にはなく、今日の少数世論を背景に明日の多数意見（政権交代）を目指して、政府与党の政策の問題点を批判的に洗い出し、国民に知らせる役割があります。ですから、批判は野党の権利なのです。これも政治権力に対して抑制的に作用するので、立憲主義の現れです。
　民の声は神の声（vox populi, vox Dei）による政権交代が、時間もかけず犠牲者も出さずに流れを変える、最後の手段（ultima ratio）なのです。

振り子の振動（swing of pendulum）：政権交代はしばしばこのように表現される。長期政権は政治家にも役人にも諸々の影響を与えるが、政権交代によってそれまでの影響を緩和・除去できる。その一つは、終審裁判所として違憲審査権を行使する最高裁判事の人事である。内閣が行うので、政権交代すれば最高裁の判決も変わり得る。違憲審査と政権交代とは実は密接に連関している。
【文献】ボブ・ウッドワード他『ブレザレン』（TBSブリタニカ・1981年）

名言❺
日本国憲法は徹底した平和主義に立脚し、世界の模範とされている
（国際民主法律家協会・2015年8月15日）

2015年8月20日、国際民主法律家協会の加盟団体である「日本国際法律家協会」による、安保法制反対の記者会見。左から、大熊政一弁護士、新倉修青山学院大学教授、笹本潤弁護士、飯島滋明名古屋学院大学准教授（当時）。写真撮影：高部優子。

発言を読み解く

　2015年8月14日、日本では戦後70年を受けての安倍首相による談話（以後、「談話」）が公表されました。先にその一部を紹介します。
　「何の罪もない人々に、計り知れない損害と苦痛を、我が国が与えた事実」「これほどまでの尊い犠牲の上に、現在の平和がある」「私たちは、自らの行き詰まりを力によって打開しようとした過去を、この胸に刻み続けます。だからこそ、我が国は、いかなる紛争も、法の支配を尊重し、力の行使ではなく、平和的・外交的に解決すべきである」（首相官邸HPより）。
　これらを文字通り理解すると、アジア・太平洋戦争後の日本は、自らの軍国主義の歴史ゆえに、非暴力による平和の達成を目指してきたことになります。一見、植民地支配や侵略戦争を反省しているように見える談話。しかし、真に反省しているのであれば、公表時に、海外での武力行使や米軍等の外国軍への後方支援の拡

大を可能とする安保法案が国会で審議されているはずはありません。政権与党の自民党や公明党は、まさにその時、日本国憲法の三大原則の一つである平和主義に反する、日本を戦争ができる国へと変える法の成立を強固に推し進めていました。公明党は綱領の一つに「〈生命・生活・生存〉を最大に尊重する人間主義」（公明党 HP より）を掲げていますが、武力行使は、人の生命・生活・生存を脅かすものに他なりません。

　国会情勢を受け、多数の市民が廃案を求める抗議行動を各地で展開しました。世界の民主的な法律家団体等が集う**国際民主法律家協会（IADL）**はこれに呼応し、**声明「国際民主法律家協会は戦争へと進む日本の立法に反対する」**を出しました。談話の翌日、日本では一般的に敗戦または終戦記念日と呼ばれる 8 月 15 日のことです。そこには、「日本国憲法は徹底した平和主義に立脚し、世界の模範とされている。世界中の平和を愛する人々は、日本がこのような平和憲法を世界に広める役割を期待している。IADL は引き続き 9 条を支持する」（日本国際法律家協会訳。同協会 HP より）と書かれていました。IADL は、全世界の人々の平和的生存権を謳う前文や戦争放棄を規定する 9 条等から成る、日本国憲法の平和主義に深い期待をかけているからこそ、その破壊に繋がる安保法案に反対したのです。同時にこれは、平和憲法の形骸化に反対する多くの日本の市民への激励を意味するものでした。

　2015 年 9 月 19 日の安保法の強行成立を受け、中国のメディアはそれを批判的に報じ、また韓国のメディアは日本の軍国主義の復活に不安を示しました（朝日新聞 2015 年 9 月 20 日）。憲法の平和主義を真っ向から否定する法の成立は、東アジアの国々との緊張を生み出すものなのです。

　談話の最後の方には、「我が国は、（……）『積極的平和主義』の旗を高く掲げ、世界の平和と繁栄にこれまで以上に貢献してまいります」と書かれています。積極的平和主義というと、あらゆる戦争や武力行使が存在しない世界を目指す考え方であるかのような印象を与えます。しかし、そうだとすれば、安保法と矛盾します。では、次にこの言葉の意味を明らかにしていきましょう。

国際民主法律家協会（IADL）：成り立ちや日本とのかかわりについては、後述する通りである。IADL の過去の活躍については、新 HP（http://www.iadllaw.org/newsite/）よりも、旧 HP（http://iadllaw.org/en/）を参照するとよい。
声明「国際民主法律家協会は戦争へと進む日本の立法に反対する」：全文（邦訳）は、日本国際法律家協会の HP の声明・決議のページ（http://www.jalisa.info/statement/index.html）からダウンロードすることができる。

積極的平和主義

　2013年以降、安倍政権やその関係者は自らの安全保障政策をアピールする際に、「積極的平和主義」(Proactive Contribution to Peace) という言葉を多用するようになりました。

　外務省は、積極的平和主義の背景を①日本を取り巻く安全保障環境がテロ、核開発等の脅威により大きく変化したため、日本のみならず他の国々も一国だけで自らの安全や平和を確保することが困難になった、②このような脅威に対しては、同盟国や有志国間での連携が必要である、③その連携において、日本の活躍が大いに期待されている、と説明します（外務省『日本の安全保障政策——積極的平和主義』2016年）。その上で、日本の国益を守り防衛するためには、抑止力や日米同盟を強化するとともに、韓国、オーストラリア、ASEAN（東南アジア諸国連合）、インドとの協力関係を図ると謳うのです（外務省・同上）。

　すなわち、積極的平和主義とは日本の軍事力を高めるとともに、同盟国や関係が深い国々との軍事同盟を強化し、これらの関係において力を発揮することを意味するものです。その本質は「積極的軍事主義」と言うべきものでしょう。積極的平和主義の名の下で、日本政府は「国家安全保障会議」の設置（2013年12月）、「国家安全保障戦略」の策定（同）、新防衛大綱の策定（同）、集団的自衛権行使容認にかかる閣議決定（2014年7月）、日米防衛協力のための指針の改定（2015年4月）、安保法の成立（同9月）等を進め、軍事力の拡大とその行使を可能とする安全保障体制を築いていきました。

　学問としての平和学を体系化する上で重要な役割を果たした用語に**「積極的平和」**(Positive Peace) があります。これはあらゆる形態の暴力が否定されるとともに、人が肯定的に生きることができるようにするための何かがある状態を意味します。見た目は積極的平和主義と酷似していますが、その意味は対極をなすため、積極的平和主義は両者の違いを知る者から失笑を買っています。

積極的平和：「平和学の父」と呼ばれるヨハン・ガルトゥングが提唱した平和の概念。直接的暴力（戦争等）、構造的暴力（差別や貧困等の社会構造上、自己実現を阻むもの）、文化的暴力（暴力を肯定する思想等）のいずれもが存在しないこと（消極的平和）に加え、公正な評価がなされる、福祉制度が充実している等、人が肯定的に人生を築くための何かがある状態を指す。
【文献】日本平和学会編『「積極的平和」とは何か』（平和研究45号〔2015年〕）

国際民主法律家協会

　ナチスに抵抗した法律家等により1946年10月にパリで設立された国際民主法律家協会（IADL）には、90カ国以上の国々出身の民主的な法律家団体や研究者を含む法律家が所属しています。日本からは、日本国際法律家協会が加盟団体となっています。IADLの多岐にわたる活動目的には、国家間の平和と協力を促進するため、民主主義の原則の下で法分野における調査研究と実践的活動を行うことや、立法化とその履行において民主的な権利と自由を修復し、それらを守ること等が含まれています（IADL新HPより）。

　IADLによる日本へのかかわりについては、戦争の放棄・戦力の不保持・交戦権の否認を規定する日本国憲法9条の考え方を世界に広げる目的で、2005年に開始された「グローバル9条キャンペーン」（日本のNGO「ピースボート」や日本国際法律家協会等が運用）への参加が挙げられます。なぜなら、IADLは同条の価値を「日本法の規定というだけでなく、軍事費の削減、非核兵器地帯の推進、女性に対する暴力の根絶、紛争防止の維持、軍事化による環境への負の影響の軽減に向けた、国際的な平和のメカニズムとしての機能を有する」（著者訳。IADL旧HPより）と位置づけてきたからです。

　こうした背景があるからこそ、2015年8月15日、IADLは安保法案が9条破壊につながるとして、それに抗議する声明を発表したのです。また、IADLは第18回大会および総会の際にも、日本における集団的自衛権の法制化や沖縄・辺野古への米軍基地建設計画への動きを受け、9条改憲に反対する国際行動を世界に呼びかける決議「平和とりわけ日本の平和憲法の破壊に反対するため必要とされる国際連帯行動に関する決議」（2014年4月18日、新倉修訳、日本国際法律家協会HPより）を採択しています。なお、IADLは日本国憲法前文の平和的生存権との共通点が多い「**平和への権利**」（Right to Peace）の国際法典化（現在、国連人権理事会で審議中）にも賛成しています。

平和への権利：2005年にスペイン国際人権法協会がキャンペーンを開始して以来、国際NGOや世界各地の市民、国連機関等が平和への権利の国際法典化を進めてきた。同権利は、武力行使禁止原則の確認、消極的平和と積極的平和への権利等から構成される。
【文献】平和への権利国際キャンペーン・日本実行委員会編著『いまこそ知りたい平和への権利48のQ&A――戦争のない世界・人間の安全保障を実現するために』（合同出版・2014年）

発言❻
沖縄の人々の自己決定権や人権は無視され続けてきました
（翁長武志沖縄県知事・2015年9月21日）

国連人権理事会総会での発言後、記者会見する翁長武志沖縄県知事・2015年9月22日。写真提供：時事通信

発言を読み解く

　まず、国連の**人権理事会総会**での翁長知事の発言をすべて紹介します（英文と日本語訳は沖縄タイムスプラスから。https://www.okinawatimes.co.jp/photo_detail/?id=133924&pid=962836）。
　「議長、ありがとうございます。日本の沖縄県の知事、翁長雄志です。
　私は、沖縄の自己決定権が無視され続けている辺野古の現状を、世界の方々にお伝えするために参りました。
　沖縄県の米軍基地は、第2次世界大戦後、米軍に強制的に収容され、建設されたものです。私たちが進んで提供した土地は全くありません。
　沖縄の面積は日本の国土のわずか0.6％ですが、在日米軍専用施設の73.8％が

沖縄に集中しています。戦後70年間、沖縄の米軍基地は、事件、事故、環境問題の温床となってきました。私たちの自己決定権や人権は無視され続けてきました。

　自国民の自由、平等、人権、民主主義も保障できない国が、どうして世界の国々とこうした価値観を共有できるといえるのでしょうか。

　日本政府は、昨年、沖縄で行われた全ての選挙で示された民意を無視して、今まさに辺野古の美しい海を埋め立て、新基地建設を進めようとしています。

　私は考えられる限りのあらゆる合法的な手段を使って、辺野古新基地建設を阻止する決意です。

　今日はこのようにお話しする場を与えていただき、まことにありがとうございました」。

　2015年9月24日、菅官房長官は「翁長知事の主張は国際社会で支持されないと思う」と発言しました。しかし2015年9月、カリフォルニア州バークリー市議会は辺野古の新基地建設に反対する決議、12月にはマサチューセッチュ州ケンブリッジ市議会も新基地建設反対決議を採択しました。2015年12月17日、ケネディ駐日大使は辺野古の新基地建設を「ベストの選択」と発言しましたが、映画監督のオリバー・ストーン氏や言語学者のノーム・チョムスキー氏らアメリカの有識者70人が抗議声明を出しました。その声明では、「米国政府が、沖縄市民の自己決定権や健全で安全な環境で暮らす権利を含む基本的人権を否定することをやめるよう米国市民として強く求める」と述べられています（東京新聞2015年12月24日）。辺野古の新基地建設をめぐっては、2015年10月に国が沖縄を訴え、沖縄県も12月に国を裁判所に訴える事態なっています。こうした事態に至った理由は、「抑止力」「負担軽減」のために、米軍普天間基地を辺野古に移設することが必要という日本政府の立場に沖縄県が反対しているからです。ここでは「米軍基地」「抑止力」「負担軽減」という主張について考えてみましょう。

人権理事会（Human Rights Council）：「人権委員会（Commission on Human Rights）に代わり、2006年に総会決議を経て設立された。人権理事会は選挙で選ばれた、47の理事国で構成される。任期は3年間で再選も可能であるが、連続して2期以上務めることはできない。人権問題に関わる国連の機関であり、国家だけではなく、EUやASEANといった政府間組織、そして資格を持つNGOなども発言できる。翁長知事は、国連人権理事会で発言権を持つNGOの「市民代表センター」の資格で発言した

米軍基地

　在日米軍人などの法的地位について定めた「日米地位協定」では、「公務中」の犯罪の第1次裁判権はアメリカが行使します。そのため、米兵の飲酒運転などは「公務中」とされ、ほとんど裁かれていません。「公務外」の犯罪の第1次裁判権は日本が持ちますが、1953年、米兵の犯罪をできる限り起訴しないとの密約を日米両政府は交わしています。沖縄では、米軍人などの殺人、強盗、強姦などの犯罪が少なくありませんが、裁判権放棄密約の影響もあり、こうした凶悪犯罪も刑事裁判にかけられないことがあります。そこで米兵個人を民事裁判で訴え、損害賠償を命じる判決が出されても、賠償金を支払ったのは米兵でもアメリカ政府でもなく、日本政府という事例もあります。その上、日本政府は米軍に年間約2000億円の「**思いやり予算**」を支出しています。

　「事故」ですが、1959年6月30日、米軍機が沖縄の小学校に墜落、17人の死者と250人もの負傷者が出ました。2004年8月にも沖縄国際大学にアメリカ軍機が墜落する事故がありました。「未亡人製造機」と言われるほど事故が多く、アメリカでは住民が反対したために配備されなかった、新型輸送機「オスプレイ」ですが、多くの沖縄県民の反対意見を無視して、日米両政府は沖縄に配備しました。米軍の実弾訓練が原因である「米軍山火事」は1972年から2014年12月末段階で574件。「環境問題」に関しても、米軍機によるひどい騒音のため、睡眠不足、高血圧、妊娠中毒などの状態になる沖縄市民も少なくありません。このように、沖縄市民は米軍による事件、事故、あらゆる種類の基地公害の被害を受けてきました。そこで、「沖縄にこれ以上の米軍基地を置くことは我慢できない」と考える沖縄県民は多くいます。2014年11月の知事選挙では、辺野古新基地建設反対を唱えた翁長知事が県民の圧倒的支持を得て当選しました。にもかかわらず、安倍自公政権は辺野古に新基地を作ろうとしています。翁長知事の国連での発言の背景には、沖縄のこうした状況があります。

「思いやり予算」の一例

職種	最高年収
バーテンダー（76名）	549万円
クラブマネージャー（25人）	714万円
ケーキ飾り付け職人（5人）	476万円
娯楽用ボートオペレーター（9人）	612万円
宴会用マネージャー（9人）	576万円
ゴルフ整備員（47人）	579万円

榎澤幸広・奥田喜道編『憲法未来予想図：16のストーリーと48のキーワードで学ぶ』（現代人文社、2014年）141頁。

【文献】前田哲男『在日米軍基地の収支決算』（ちくま書房・2000年）

「抑止力」「負担軽減」

　辺野古への新基地建設は「抑止力維持と普天間の危険性除去の唯一有効な解決策」というのが安倍自公政権の立場です。宜野湾市の真ん中にあり、周りに30近くの学校があるなど、「世界一危険な基地」と言われた「普天間基地」を返還して沖縄の危険な状況を除去すると同時に、「抑止力」の維持のために辺野古に新基地を作るというのです。では、「負担軽減」「抑止力」について考えてみましょう。

　普天間基地の代わりに辺野古に新基地を作らなければ「抑止力」がなくなると安倍自公政権や一部のメディアは主張します。ただ、普天間基地を返還しても、沖縄にある在日米軍基地の割合は73.8%から73.4%に減るだけです。0.4%の在日米軍基地がなくなると、抑止力はなくなるのでしょうか？

　「抑止力」どころか、ソ連や北朝鮮から「三沢」「横須賀」とともに「沖縄」がたびたび攻撃対象として名指しされてきたように、米軍基地があるためにかえって日本が（核）攻撃の対象にされてきました。2001年、アメリカで同時多発テロが起こった際、沖縄への観光客が激減したように、米軍基地があるため沖縄経済に打撃を与えることもありました。アメリカ政府の高官もしばしば、「米軍は日本を守るために駐留しているのではない」と発言しています（1982年4月21日、米上院でのワインバーガー国防長官発言）。

　また、「負担軽減」という言い方もされますが、辺野古に新基地が建設されれば、きれいな海やサンゴがなくなり、豊かな自然は破壊されます。一方、普天間基地の5倍の面積の基地が辺野古に作られます。佐世保にいるアメリカ軍の強襲揚陸艦が停泊できる護岸が作られたり、2本の滑走路や弾薬庫が作られます。辺野古に新しい基地が建設されることで沖縄の基地負担が減るどころか、かえって出撃拠点としての米軍基地の機能は強化されます。

日米ガイドライン：日本とアメリカの軍事的な役割分担を定めた行政文書。1978年に初めて策定され、1997年に第2次ガイドラインが策定された。第3次ガイドラインでは、「世界中」（global）、さらには「宇宙」や「サイバー空間」など、あらゆる領域での日米軍事協力を日米両政府は約束した。
【文献】前田哲男・我部政明・林博史編『〈沖縄〉基地問題を知る辞典』（吉川弘文館・2013年）

名言❼
9条にノーベル平和賞を
（鷹巣直美さん・2013年1月）

「9条にノーベル平和賞を」実行委員会のメンバー。写真提供：「9条にノーベル平和賞を」実行委員会

発言を読み解く

　「ノーベル賞」。日本人のノーベル賞受賞者が出るたびに、日本のメディアで大々的に取り上げられ、日本中が熱狂に包まれることも少なくありません。その「ノーベル賞」ですが、憲法9条に**ノーベル平和賞**を受賞させようという運動があります。この運動ですが、2014年と2015年、ノーベル平和賞受賞の有力候補となったことからメディアで大きく取り上げられ、多くの人に知られるようになりました。祖母から戦争の悲惨さ、「絶対に戦争をしてはいけない」ということを聞かされ、また、オーストラリア留学時に多くの難民に会って戦争の悲惨さを聞いた、神奈川県の鷹巣直美さんが、「憲法9条が受賞したら、世界中の人に知ってもらえる」と考えてはじめたのが、「憲法9条にノーベル平和賞を」という運動でした。鷹巣さんは2013年1月からノルウェーのノーベル委員会に、「憲法9条にノーベル平和賞をください」というメールを送り始め、5月にネット署名を開始しました。2014年度は43人の

大学教授らが推薦人となり、2014年4月9日、ノーベル委員会から「受理通知」が届きます。8月に、マレーシアのマラヤ第二次世界大戦歴史研究会の第一回「アジア平和賞」、12月に韓国江別道などが主催の韓国DMZ特別賞を受賞しました。2014年10月10日段階での署名の最終集約数は44万2443筆になりました。

　2015年度は国会議員61人、大学教授など23人が推薦人になりました。日本だけでなく、コスタリカの国会も全会一致でノーベル平和賞候補として推薦しました。韓国では国会議員142人や元首相など50人が連帯しました。2015年度もノーベル委員会から「受理通知」を受け取り、最終署名数も2015年10月9日段階で69万3951筆になりました。

　2014年、2015年ともに、有力な受賞候補と見做されながら、受賞には至りませんでした。しかし、「憲法9条にノーベル平和賞を」実行委員会は2016年も受賞にむけた活動をはじめています。2016年度は大学教授や平和研究所所長99名、超党派国会議員73名、韓国の大学教授など9名、合計181名が推薦人となりました。「憲法9条にノーベル平和賞を」の活動については、「9条にノーベル平和賞を」実行委員会のHPを参照してください（http://nobel-peace-prize-for-article-9.blogspot.jp/）。

　なお、9条が「ノーベル平和賞」の有力候補になった理由ですが、「憲法9条」が多くの人々の支持を得るのにふさわしい理念と内容を持っていることが挙げられます。そこで本稿では、憲法9条の内容を紹介します。さらに、「平和主義は、同時に、国際協調主義を意味する」と憲法学の大家である樋口陽一先生が指摘しているように（樋口陽一・佐藤幸治・中村睦男・浦部法穂『注解　法律学全集1　憲法Ⅰ』（青林書院・1994年）38頁〔樋口陽一執筆担当〕）、憲法9条は「国際協調主義」と密接に関係します。そこで「平和実現」のための憲法の基本原理である「国際協調主義」の歴史的背景と内容もあわせて紹介します。

ノーベル平和賞：アルフレッド・ノーベル（1833年〜1896年）の遺言により設立されたノーベル賞の6部門の一つ。ノーベルの命日である12月10日に、「国家間の友好関係、軍備の削減・廃止、および平和会議の開催・促進のために最大・最善の貢献をした人物・団体」に授与される。2月1日が締切、2月〜9月中旬に選考を実施、10月中旬に受賞者が決定され、12月10日にノルウェー・オスロの市役所で授賞式が行われる。

憲法9条の理念

　スイスにある国連欧州本部内にある人権理事会の博物館には、「1931年9月、日本は満洲地方を宣戦布告なしに侵略する」と記されたパネルが掲示されています。国連の場でこうした紹介がされているように、日本の権力者や軍の上層部は近隣諸国へ侵略戦争を起こしました（アジア・太平洋戦争（1931年～45年））。この結果、近隣諸国の民衆だけでも2000万人以上、日本国民にも310万人もの犠牲者が出ました。自分の意思に反して日本兵の性の相手をさせられた「日本軍性奴隷」——国際社会では一般的に20万人と言われています——は、生命は奪われなくても、「個人の尊厳」は根底から蹂躙されました。日本が起こした戦争は、こうした悲惨な状況を生み出しました。そして戦争で最も犠牲になるのは、戦争を起こした権力者や軍の上層部ではなく、女性や子ども、老人などの一般市民でした。こうした戦争の現実を踏まえ、日本国憲法では、「平和主義」が基本原理とされています。平和主義の中心的な規定が憲法9条です。

　憲法9条1項では、「日本国民は、正義と秩序を基調とする国際平和を誠実に希求し、国権の発動たる戦争と、武力による威嚇又は武力の行使は、国際紛争を解決する手段としては、永久にこれを放棄する」とのように、「一切の戦争・武力行使」が放棄されています。さらに憲法9条2項で、「前項の目的を達するため、陸海空軍その他の戦力は、これを保持しない。国の交戦権は、これを認めない」とのように、「戦力」を持たず、「**交戦権**」も否認されています。憲法9条は「非現実的」との批判もあります。しかし、科学技術が発展し、核兵器が登場した現在、戦争になれば多くの国民が犠牲になります。核戦争にでもなれば、国民どころか人類の存在すら脅かされます。「軍隊では国民を守れない」のです。また、最近のアフガン戦争やイラク戦争でもアメリカ軍などに多くの市民が虐殺、虐待され、難民が多く発生する原因となったように、「武力で平和は作れない」のです。憲法9条の理念は非現実的どころか、国際社会に平和をもたらすための現実的な手段です。

交戦権：憲法9条2項でいう「交戦権」だが、①臨検や拿捕など、交戦国が国際法上有する権利という見解、②戦争をする権利、さらに①と②の両方を含む権利と捉える見解がある。
【文献】小林直樹『憲法第9条』（岩波書店・2002年）

国際協調主義

　敗戦までの日本の権力者や軍の上層部は、「**不戦条約**」(1928年)などの国際社会の約束を平気で破りました。そうした自分勝手な日本の行動がアジア・太平洋戦争(1931年〜45年)の原因となり、多くの民衆が犠牲になりました。

　敗戦までの日本のこうした歴史への反省を踏まえ、日本国憲法では「国際協調主義」も基本原理とされています。①かつての日本のような独善的な態度を改め、他国のことを尊重しながら国際社会で行動すること、②世界平和の実現のため、日本が国際社会で積極的な役割を果たすこと、これら①②が「国際協調主義」の内容です。①に関しては、「いづれの国家も、自国のことのみに専念して他国を無視してはならない」との憲法前文、憲法98条2項の「日本国が締結した条約及び確立された国際法規は、これを誠実に遵守することを必要とする」との規定に表れています。②ですが、「平和」とは、単に戦争や武力行使がないというだけではありません。貧困や差別、抑圧といった事態も、個人の生存や平和を脅かします。そこで武力行使や戦争だけではなく、国際社会での貧困や差別、抑圧をなくすための取り組みを日本政府が積極的におこなうこと(平和学では「積極的平和」と言われます。本書の70頁を参照して下さい)も「国際協調主義」の内容とされています。こうした国際協調主義の考え方は、「われらは、平和を維持し、専制と隷従、圧迫と偏狭を地上から永遠に除去しようと努めてゐる国際社会において、名誉ある地位を占めたいと思ふ。われらは、全世界の国民が、ひとしく恐怖と欠乏から免かれ、平和のうちに生存する権利を有することを確認する」との憲法前文の部分に明確にあらわれています。

　国家間の対立を武力でなく、外交などで解決しようとする考え方、国際社会に存在する貧困や抑圧、差別の解消に日本が積極的に対応する姿勢こそ、憲法が想定する「国際協調主義」です。

不戦条約：1928年にパリで調印され、「戦争放棄に関する条約」「パリ不戦条約」とも言われる。名称のように戦争が禁止されているが、日本は満洲事変(1931年)や日中戦争(1937年勃発)を起こした。これらの戦争に際し、戦争でなく「事変」にすぎないと日本は主張し、不戦条約に反する武力行使をした。
【文献】吉岡達也『9条を輸出せよ！――非軍事・平和構築の時代へ』(大月書店・2008年)

名言❽
ユネスコへの拠出金を停止するというのは全く恥ずかしい
(河野洋平自民党元総裁・2015年10月15日)

河野洋平氏が日本記者クラブで発言、2015年10月15日、写真提供：時事通信。

発言を読み解く

　国連専門機関ユネスコ（UNESCO）は、その憲章前文で「戦争は人の心の中で生まれるものであるから、人の心の中に平和の砦を築かなければならない」と掲げ、児童への教育充実や異文対話推進、貴重な歴史的資料を保存する「世界記憶」(Memory of the World)など、偏見撲滅や平和のための教育文化事業を進めてきました。今まで世界記憶（＝記憶遺産）には、アンネの日記やベートーヴェンの自筆譜等を登録。中国からは科挙合格者一覧、薬学書、伝統音楽の音源等が、日本からは炭鉱労働者の境遇を描いた絵などが、申請・登録されてきました。

　2015年10月9日ユネスコはその世界記憶に、中国の申請に従い「南京大虐殺」の資料を登録したと発表。しかし歴史認識を異にする自民党・安倍政権は猛反発。現在ユネスコ分担金の拠出額1位は米国、2位は日本ですが、自民党重鎮の二階俊博総務会長は講演で「ユネスコ経費を納めるなと言ってやった。お人好しで金を出しているが主張を通さないと」と発言。政府を代表して菅官房長官も、日本とし

ては「分担金の支払い停止等も含め検討していきたい」と明言(10月13日)。しかし国際的には、「日本はカネで脅して侵略事実を歪曲しようとしている」と批判されました。他方、同じく自民党の元総裁河野洋平氏は「ユネスコに対する拠出金を止めようという意見が国内にありますが、全く恥ずかしい話」と批判。「南京で虐殺という事態があったことは、日中両国で歴史認識として事実であると確認されています。〔しかし論争を奇貨として〕≪南京事件そのものがなかったんじゃないか≫という議論に持っていこうとするのであれば、それは全くやるべきではないと思います」と河野氏は述べました（2015年10月15日・日本記者クラブでの発言）。

　南京大虐殺については、**文科省検定済**の高校日本史の**教科書**でも「1937年南京を占領〔した〕日本軍は、投降兵・捕虜をはじめ中国人多数を殺害し、略奪・放火を行ない、南京大虐殺として国際的非難を浴びた。死者の数は……少なくとも10数万人に達したと推定される」（実教出版『日本史B』）とあるように、日本政府は（中国側の「死者30万人」という主張は認めていないものの）、日本軍による大規模な殺戮があったこと自体は昔から認めてきました。

　他方、2015年春に日本が明治産業革命の遺産をユネスコ世界遺産に申請した際、韓国は植民地朝鮮半島からの強制労働を理由に反対を表明。が日本は、近代化貢献の遺産だからと突っぱね、ユネスコに登録させました。歴史認識を異にする隣国を無視したのは、実は日本自身だったことを忘れてはいけません。

　ただ一方で、世界記憶の審査過程が不透明との批判は以前からあり、特に今回のように論争ある資料に関しては、河野氏も「もっと透明性の高い……充分に双方の話し合いができるようなシステムが出来たらいい」とも指摘しています。中立国の歴史研究者を基軸に、関係国双方の歴史研究者も加えて審査するなど、透明性・公平性を以て決定すべきでしょう。ただしその必要性と、これに便乗しての南京大虐殺否定は全く別です。日本の反動保守派の中にはその種の悪しき意図が透けて見え、「全く恥ずかしい」限りです。国際的には河野発言こそが冷静で大人の対応と受け容れられました。至極当然と言えましょう。

河野洋平氏：1993年自民党内閣で"慰安婦"問題の政府公式見解「河野談話」を発表した有名な元官房長官。金権腐敗の自民党を出て76年に新自由クラブを結成、しかし86年復党。93年細川連立政権の際、野党になった自民党で総裁に。当時金権腐敗等で下野した自民党のイメージ回復のため「クリーンでハト派」の彼が党の顔として急遽担ぎ出されたのですが、自民党政権復帰後に総裁から降ろされ「総理になれない総裁」に。後に衆議院議長となり政界引退しました。

南京大虐殺

　日本による中国侵略の際、南京城内外で行なわれた大規模な殺戮と残虐行為。1937年7月7日盧溝橋事件を機に日本は中国侵略に突入。しかし中国の予想外の抵抗に遇ったため日本は大軍を投入。12月国民政府の首都南京を占領した際、日本軍は中国の軍人・捕虜・一般市民を大量に殺害しました。その様子は南京駐留の外国人記者3名（1人は New York Times 紙）によってすぐに世界に報道されたので、犠牲者数の詳細はともかく、外国人も驚愕するほどの大虐殺と残虐行為が日本軍によって行なわれたことだけは間違いありません。

　中国は東京裁判で犠牲者数は当初43万人と主張。一方判決はこう認定しました。「日本軍が南京を占領してから最初の6週間、南京とその周辺で殺害された総数は20万人以上だったとされているが、それが誇張ではないことは、埋葬された死骸が15万5000に及んだ事実から証明されている」。日本の歴史学者の間でも「10数万〜20万人」は有力説で（最少の説でも4万人）、これは広島・長崎原爆投下直後の両方の死者総計約21万人に迫る、実に驚異的な数なのです。

　日本軍が南京で大虐殺・略奪・強姦・放火など未曾有の残虐行為を繰り広げた理由には諸説あります。中国軍の強い反撃に遭って敵愾心を抱いた、上海からの急進撃のため戦闘・補給の部隊が離れてしまい「現地徴発」を命じられた、日本では戦陣訓にて捕虜になることを禁じられたため中国人捕虜も簡単に殺害した、そもそも中国人を劣等人種と見下していた、兵士が庶民の便衣を着て市民と区別がつかなかった、等です。南京大虐殺を指揮した中支那方面軍司令官の松井石根（いわね）大将は、戦後に責任を問われ、東京裁判で死刑となりました。

　日本政府は犠牲者数については明言を避けてきましたが、日本軍による非戦闘員・捕虜に対する大規模な殺戮や残虐行為があったこと自体は認めてきました。**文科省検定済**の高校日本史の主要な**教科書**（下記）でも「南京大虐殺／南京事件」に触れないものは（濃淡の差こそあれ）一つもありません。

文科省検定済教科書：三省堂『日本史B』「日本軍は南京占領に際し多数の中国軍人や民衆を殺害した（南京大虐殺・南京事件）。(脚註) 日本軍が繰り広げた掠奪・放火・集団的な虐殺・暴行……。犠牲者数〔は、日本の〕歴史学者の秦（はた）郁彦は4万人、洞（ほら）富雄は20万人を下らない数、中国側は30万人」。山川出版『詳説 日本史』「(脚註)日本軍は市内外で略奪・暴行を繰り返した上、多数の中国人一般住民（婦女子含む）及び捕虜を殺害（南京事件)」。

【文献】笠原 十九司『南京事件』（岩波新書・1997年）

歴史認識

　1995年8月15日村山富市首相による戦後50年総理大臣談話は、日本による「植民地支配と侵略、痛切な反省、心からのお詫び」を明確に述べ、日本の侵略を受けたアジア諸国から正しい歴史認識と評価されました。しかし2015年安倍談話では、誰が行なったのか主語不明の「事変、侵略、戦争」と羅列しただけ。事変とは、本当は「侵略」であるにも拘らずその実態を糊塗すべく当時よく用いられた語です。この無神経な羅列からは侵略戦争を反省する真剣さは感じられません。想起すべきは1951年、日本が対外的にはサンフランシスコ平和条約で正式に東京裁判を「受諾」したのに、死刑のA級戦犯を対内的には「公務死」と位置づけ、対外・対内で二枚舌を使ったことです。1978年のA級戦犯靖国合祀は、侵略美化と戦争責任曖昧化に他なりません。歴史認識がよく問題になるのは、日本が国家全体として侵略戦争を直視・反省してこなかったからです。

　歴史認識を考える上で忘れてならないのは"慰安婦"問題です。女性たちの自発的意思による商行為と誤解されがちですが、実態は全く逆です。被害女性の多くは朝鮮半島など植民地から「皇軍兵士の食事を作る仕事」などと騙されて連れ出されました。貧しくて批判力のない10代半ばの少女たちが対象で、直接的には業者が誘引を担当。が、業者の選定は軍が行ない、軍の身分証明書まで与えて各種便宜を図っていたので、明らかに日本軍が慰安所創設・運用の主役でした。女性に脱退の自由はなく、監禁同然で強制的な性行為の毎日。1日平均約20人もの兵士の相手をさせられました（吉見義明『従軍慰安婦』岩波新書・1995年）。

　これはまさに人としての尊厳の蹂躙であり、**国連の人権委員会報告書**では「人道に反する罪」という極めて厳しい批判がなされています。国連や国際会議の場では、今や慰安婦という語は本質を隠蔽するものとして斥けられ、「軍の性奴隷」(military sexual slave)が国際共通語です。日本政府の公式見解である1993年「河野談話」は、軍の関与を明記した良識ある内容として有名です。

国連の人権委員会報告書：人権委員会（現在は理事会）で採択された1996年クマラスワミ報告書と98年マクドゥーガル報告書が有名。慰安婦(comfort woman)という語を斥け、その本質は「軍の性奴隷」であったと実証しました。これは人権委員会内の現代奴隷制部会で審議されてきた問題です。もはや日韓だけの問題ではなく、世界中から日本は「女性の尊厳を冒し≪人道に反する罪≫を犯した国」と、極めて厳しく非難されている事実を肝に命ずべきです。【文献】吉見義明・西野瑠美子ほか『「慰安婦」・強制・性奴隷』（御茶の水書房・2014年）

名言❾
ずっとウソだった
（斉藤和義さん・2011年4月7日）

水素爆発した東京電力福島第1原子力発電所。写真提供：共同通信。

発言を読み解く

　このタイトルは斉藤和義氏の曲『ずっと好きだった』（JASRAC167-7514-7）を替歌にし、2011年4月7日、YouTubeにアップされた曲名です（後に本人歌唱と判明）。元歌は久々に会ったマドンナが今も綺麗で主人公が恋心を再燃させる内容なのに対し、替歌は政府がずっと唱えてきた"原発絶対安全神話"を批判する**反原発ソング**になっています。歌詞の一部を抜粋すると、「この国を歩けば、原発が54基／教科書もCMも言ってたよ～安全です♪」、「俺たちを騙して言い訳は「想定外」」、「気づいてたろこの事態／風に舞う放射能はもう止められない／何人が被曝すれば気がついてくれるの？この国の政府」など。また、「ずっとクソだったんだぜ／東電も北電も中電も九電も」、「それでも続ける気だ／ほんとクソだったんだぜ／ずっとウソだったんだぜ」と電力会社・政府を批判すると同時に、「もう夢ばかり見てないけど」、「何かがしたいこの気持ち」と歌い、自らが現実を受け止め行動しなければならないという想いも示されています。

　この時期は約1カ月前（3月11日）に東日本で大地震・津波が生じ多数の死傷

者を出し、その後福島原発が次々と爆発事故を起こした頃です。政府や東電はこの間様々な方法を試みましたが、事態は収束どころか深刻化していきました。事故が生じた場合の復旧の仕方を想定していなかった点から政府や東電が唱えた安全神話は虚構であったことも露呈されました（政府は「想定外」と何度も主張しましたが…）。また、彼らは事故レベルの変更（3月11日レベル3とし、4月12日**チェルノブイリ事故**と同じレベル7に引上げ）、原発作業員の被曝線量上限や食品の放射線暫定基準値の引上げなどをこっそり行ったにもかかわらず、"風評被害"や"直ちに害はない"という言葉を定着させようとしました（この傾向は自民党政権以後も継続）。

　斉藤氏が替歌を歌った理由は、①出身地（栃木県壬生町）近隣で**被曝事故**が生じた経験、②ミュージシャンは電気を大量使用するのに原発に関しロクに考えてこなかったこと、③何も言わないことはまた同じことを受け入れるのと一緒であること、④ミュージシャンとして怒りを歌に込めたかったこと、⑤自粛傾向への危機感でした（2011年10月20日放映の『NEWS ZERO』での発言）。

　この歌のアップ直後、ネットでは「名曲だ」（吉田照美〔タレント〕）、「斉藤和義に続く勇気あるミュージシャンの出現希望」（飯田譲治〔映画監督〕）、「なんか、「ROCK」って言葉の意味を、初めて心の深い部分で感じられた気がする」（乙武洋匡〔作家〕）など肯定意見が登場する反面、「（某電力会社の幹部や）彼ら・彼女ら（ゼミの卒業生で北電に就職した人）も悩んでいる。みんな「クソ」なんかじゃない」（中島岳志〔政治学者・歴史学者〕）や「ああいう歌を歌うのはけしからん」という批判などもありました。ただこれらの批判は、「個人が音楽を通じ政治的批判する自由があること（憲法21条）」、「この歌は社員個人ではなく組織としての電力会社を批判していること」をふまえない感情的なものになってしまっています。ここでは斉藤氏が批判する「日本の原子力政策」とは何か、そして、事故後の「諸外国の対応」について紹介したいと思います。

反原発ソング：有名なものは、当時販売中止になったRCサクセションの替歌（替歌詩：忌野清志郎）「サマータイムブルース」「ラブミーテンダー」（1988年）。
チェルノブイリ事故：1986年4月26日、ソ連（現ウクライナ）で生じた当時世界最大の原発事故。現在もこの地に人は住めず、高濃度の放射能が出るなど収束の目途は立っていない。
被曝事故：1999年9月30日、茨城県東海村にあるJCOの核燃料加工施設内で生じた臨界被曝事故（レベル4）。作業員2人死亡。斉藤氏の出身地からは約65 kmの場所。

日本の原子力政策

　アニメ『(初期) 鉄腕アトム』や『ドラえもん』に共通するのは何？　答えは「彼らの動力源が原子力」ということ。それらが描かれた時代は、福島県双葉町に1988年設置された看板のロゴ「原子力明るい未来のエネルギー」そのものの考え方を日本全体でほぼ共有してきました（看板撤去をめぐる現在の問題は河北新報2015年3月11日）。1946年8月の広島・長崎の原爆被害、1954年3月1日の第五福竜丸の水爆実験被害にも関わらずです（加害国は米国）。

　政府は「原子力の平和利用」を掲げ、1955年12月原子力基本法を成立させ、その法の下に原子力委員会を設置しました（初代委員長は**正力松太郎**氏）。それ以降原発政策は推進され続け、結果54基と世界三位の保有数となりました[*]。政府は「原発は絶対安全」、「原子力発電所は環境にやさしい」などの主張を繰返し、原発誘致自治体にも20年で約1000億円の交付金を出し、更に住民たちの大部分が生活・雇用面で原発から利益を受ける体制も整えました。ところで日本と異なり、諸外国では原子力と核政策がセットであるという点も忘れてはなりません。但し、2011年8月16日、石破茂自民党政調会長（当時）は報道ステーション内で「……日本は（核を）作ろうと思えばいつでも作れる」と発言し、核兵器は持つべきではないとしながらも一つの抑止力として原発をなくすべきではないと主張しました。これが石破氏の本音のみならず、原子力政策を長年推進してきた自民党の本音だとすれば、安保法制や憲法改正は世界最高峰の核武装国家への道程かもしれません（原発へのテロ対策は大してしていないのですが……）。

　実際、2012年6月20日、原子力基本法の基本方針が34年ぶりに変更され、自民党の強い要望で、原子力利用の安全確保については、「…我が国の安全保障に資することを目的」（2条2項）とする文言が追加され、「実質的な軍事利用に道を開く可能性を否定できない」（世界平和アピール七人委員会）状況となってしまいました（東京新聞2012年6月21日）。

---

[*]これ以外に「動く原発」と言われ日本の原発のような法規制を受けない米原子力空母の存在も検討課題として残されている。

正力松太郎：A級戦犯容疑で巣鴨に収監（後に釈放）。読売新聞社社主で、プロ野球やテレビ放送の父以外に、「原子力の父」という呼び名がある。正力は、中曽根康弘元総理と並んで、日本の原発推進に多大な影響力を及ぼした。
【文献】雨宮処凛『14歳からの原発問題』（河出書房新社・2011年）

脱原発

　事故を受け全国で脱原発デモが数多く行われる一方、民主党政権時の「原発ゼロ」目標は2014年4月安倍政権が閣議決定した新エネルギー政策により原発活用方針に再転換されました。以後、原発再稼働を次々進め、途上国への原発技術積極輸出、高浜原発再稼働容認の福井地裁決定も昨年末出ました（再稼働後、大津地裁の仮処分決定を受け停止）。原発事故処理経過も現在不透明で、半減期が数十万年と長期的なものもある「核のゴミ」処分場や処理方法も確立していない中、政府は徐々に避難区域解除も行っています[*1]。この点、諸外国はどうでしょうか？

　例えば、2011年6月13日、イタリアでは原発再開をめぐる国民投票の結果、約94％が反対でした（投票率約57％）。ドイツでは、福島事故により原子力擁護派から批判派にメルケル首相が転向、国内の原発全てを2022年までに全廃する「脱原発法」が2011年7月8日成立、更に再生可能エネルギー拡大の方向に進んでいます。水力発電が主流で原発建設・稼働禁止が憲法に規定されたオーストリアは輸入電力も脱原発という法律を2013年7月3日制定しました。国別保有数最大を誇る米国（現在99基）も、コスト低減化から太陽光や風力発電など再生可能エネルギーが急速普及したこと、福島事故を受け原発安全対策コスト増加などから原発政策は転換期にあると言われています（エコノミスト4429号〔2015年〕34頁〔宗敦司執筆部分〕）。これらの動向は2015年11月、地球温暖化防止のための国際会議（COP21）に合せ、パリ市内に貼られた風刺ポスターの中に安倍首相のものが登場したこと[*2]、2016年4月からの国内家庭用電力小売自由化に伴い、都民約6割が東電以外へ切替を検討中とし、内3割が安さより「原発のない電力会社」を選ぶという話（中日新聞2016年1月6日社説）とも無関係とはいえないでしょう。

　日本列島は地球の陸地総面積の0.3％なのに世界で発生する地震の10％を占めるという現実、福島事故の大惨事は世界規模の放射能拡散、更に幾世代にも跨る多大な負の遺産を残し続けることを念頭に置いてみて下さい（国際協調主義や世代間の公平性〔憲法前文・97条〕）。

---

*1　例えば、安倍首相は東京五輪招致演説で「（原発事故は）アンダーコントロールされている」と述べたが、その後も、汚染水漏れなど不都合なニュースが、読者がおそらく見ないだろう深夜、ネットにアップされることがたびたびあった。
*2　首相の頭にもくもくと湯気を立ち上らせる原発の冷却塔と思われるものが乗っているもので、製作者ビル・ポスターズはTBSの取材に対し首相の熱心な原発輸出を風刺したものと述べている。
【文献】本田宏・堀江孝司編『脱原発の比較政治学』（法政大学出版局・2014年）

名言❿
マイナンバー制度自体が、プライバシー等に対する高い危険性を有している
（日弁連会長声明・2015年9月9日）

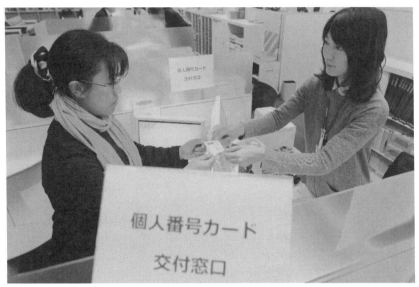

交付窓口で個人番号カード（マイナンバーカード）を受取る女性（左）。2015年1月8日。写真提供：時事通信

発言を読み解く

　「……当連合会は、現行のマイナンバー制度自体が、プライバシー等に対する高い危険性を有しているものであるとして強く反対してきたところである。現状での施行には大きな危惧があるため、本来ならば施行を延期すべきであるが、施行する以上は、上記の諸問題点について速やかに対策を取り、プライバシー等に対する懸念や実務上の問題点の早急な解消を求めるものである。」

　これは、2015年10月からの共通番号（いわゆる、「マイナンバー」）の通知開始を前に、日本弁護士連合会の村越進会長名で出された、「マイナンバー法の施行に関する会長声明」の最後の部分です

　「共通番号制度」とは何でしょうか。これは2015年10月から、住民登録している全ての者に生涯変わらない12桁の個人番号を、法人には13桁の法人番号を割り振り（強制付番の企業だけでなく、源泉徴収をしているような任意団体にも申

請による付番が求められています)、書留郵便で番号通知カードを個人と法人に郵送し、2016年1月から運用が始まった制度のことです。政府が「マイナンバー制度」という表現を用いているため、マスコミや世間一般的にも「マイナンバー制度」という表現が用いられていますが、付番は個人だけでなく法人にも行うので、「マイナンバー制度」という表現は正確さを欠きます。そこで本稿では、「共通番号制度」という表現を用います。

今回の共通番号制度の議論は、元々、**民主党政権の社会保障と税の一体改革論**から出てきたものです。この時は、消費税の逆進性対策や給付付額額控除、歳入庁の設置も検討していました。しかし、政権交代で安倍政権が誕生すると、これら民主党政権の時の構想は白紙となり、まずは番号制度を導入して、後から利用内容を追加し、しかも民間利用できる制度に組み替えて、2013年5月に共通番号法(「行政手続における特定の個人を識別するための番号の利用等に関する法律」)が成立したのです。

この共通番号制度は、法律上では社会保障・税・災害分野に限定して始め、法律施行後3年を目処に利用範囲を拡大するとされていました。しかし、2014年6月に安倍政権が閣議決定した「世界最先端IT国家創造宣言」で、健康保険証や国家公務員身分証明書等のカード類の一体化・一元化、戸籍・旅券・預貯金・医療・介護・健康情報などでの共通番号の利用範囲の拡大を打ち出します。これを受けて、まだ法律が施行されていないのに、2015年に預貯金口座とメタボ検診等の医療情報を共通番号で管理する改正法案が成立しました。

このような形で、国民の認知度が低いまま運用開始に向けての準備が進んできましたが、実際に2015年末までに番号が届くことで、多くの人が関心を持つようになったのではないでしょうか。2016年1月には、稲沢市が番号通知カードを市役所まで受け取りに来るよう求める通知書の中で、取りに来なければ「住民票を消除する場合がある」と誤解されかねない表現を使ったことが明らかになりました。しかし、そもそもこのような制度が必要なのでしょうか。この章では共通番号制度について、プライバシーとの関係から問題点を考えてみたいと思います。

民主党政権の社会保障と税の一体改革論：2012年の民主党・野田政権の下で本格的に議論された政策で、「社会保障の充実・安定化」と「財政の健全化」の同時達成を目指すため、消費税を2015年に10％まで引き上げ、増税分を社会保障に回すというもの。これに対しては、この政策は「救貧対策」に限定されたもので、防衛費・公共事業費の削減や法人税・所得税の引き上げこそすべきであるという批判もなされた。

【文献】水野雅子『Q&A 番号法』(有斐閣・2014年)

共通番号制度

　ところで、**住基ネット**と共通番号制度との相違点は何でしょうか。住民票コードと共通番号は、悉皆的な番号付与・一人一番号という点では同じです。一方で、目に見える・見せる番号に変え、法人番号も導入し、民間利用・情報連携・利用範囲の広範さの点で、両者は大きく異なります。住基ネット訴訟最高裁判決（2008年3月6日）では、住民の個人情報を一元的に管理することができる機関又は主体が存在せず、データマッチングされないから違憲とはされませんでした。そこで、共通番号制度では符号で紐づけることにしたのです。

　しかし、共通番号制度は、住基ネットと比べものにならないほどの個人・法人情報が収集されます。同様の番号制度を既に導入しているアメリカや韓国のように、なりすまし犯罪が起きる可能性もあります。利子収入や不動産収入を分離課税にしたままでは富裕層の所得が正確に把握されない一方、共通番号制度の導入で一般庶民からの税徴収と社会保障費抑制が強化されることになるだけで、これは格差を助長する新自由主義に適合的な制度ともいえます。

　また、2016年1月からは顔写真とIC機能付き個人番号カード（「マイナンバーカード」）の交付が始まりましたが、多くの人がこのカードを常に持つようになれば、それだけ紛失や番号通知先からの情報漏えいのリスクが高まります。さらに、共通番号法19条では、収集した個人情報の提供を制限していますが、同条13号で「刑事事件の捜査」や「その他政令で定める公益上の必要があるとき」は、例外として提供を認めています。ということは、刑事警察だけでなく、公安警察もいろいろな分野で利用していく可能性があります。

　2015年5月に日本年金機構から個人情報約125万件（対象者は約101万人）が流出していたことが同年6月に明らかになりましたが、閉じられたデータベースの日本年金機構からでさえ情報が流出しました。民間にも利用拡大する共通番号制度の導入自体、危険なものといえます。

住基ネット：2002年から稼働した住民基本台帳ネットワークシステムのことで、市区町村の住民基本台帳記載者に11桁の住民票コードを割り当て、氏名、生年月日、性別、住所など6情報を管理する全国共通の本人確認システム。しかし、これはプライバシー権を侵害するなどの理由から、接続しない自治体が出てきたり、違憲訴訟が提起された。
【文献】白石隆・清水雅彦『マイナンバー制度　番号管理から住民を守る』（自治体研究社・2015年）

プライバシー

　日弁連会長声明に出てくるプライバシーですが、これには「他人の干渉を許さない、各個人の私生活上の自由」（『広辞苑』）という意味があります。このプライバシーを守るために、プライバシー権が主張されています。

　しかし、憲法の条文のどこを見ても「プライバシー権」という文言はありません。憲法に明記されていなくても、憲法で保障すべきであると主張されてきた権利のことを「**新しい権利**」といいますが、プライバシー権はその一つと言えます。憲法13条は、「生命、自由及び幸福追求に対する国民の権利」（幸福追求権）を保障しており、プライバシー権もこの憲法13条から保障されると考えられているのです。

　そして、プライバシー権は漢字で表現されていないように、外国で、具体的にはアメリカで確立した権利です。アメリカの判例の中で「ひとりで放っておいてもらう権利」として確立され、避妊・人工妊娠中絶などの「私的領域における自己決定権」としても主張されてきました。日本では三島由紀夫のモデル小説が、モデルとされた人物からプライバシー侵害を問われた「宴のあと」事件第1審判決で、「私生活をみだりに公開されない」権利として認められたものです（東京地裁1964年9月28日判決）。最近では、自己情報をコントロールする権利もプライバシー権の一内容として考えられています。なぜなら、国や自治体などは国民・住民のプライベートな情報を有しており、これが誤っていたり目的外で使用されれば不利益が生じるので、当事者が自己の情報を適正にコントロールする必要があるからです。

　プライバシー権は憲法13条の幸福追求権を根拠に確立された権利です。住基ネットと違って共通番号制度の場合は官から民までの様々な個人情報を連携させていくため、よりプライバシー権の侵害可能性が高まる制度といえます。このような制度をこのまま続けていいのでしょうか。

新しい権利：憲法は制定当時（日本国憲法の場合は1946年）の考え・必要性から条文内容が決まっていく。しかし、歴史の発展と共に憲法制定時は想定しなかった人権問題が出てくる。個別的人権の枠からはみ出す、必要不可欠な権利・自由を包摂する包括的な具体的権利として憲法13条が「新しい権利」の根拠規定として考えられ、肖像権、名誉権、プライバシー権、自己決定権などがこの13条から保障されるとされている。

【文献】田島泰彦・斎藤貴男編『超監視社会と自由』（花伝社・2006年）

名言⓫
若い世代の投票率を上げるにはやはり学校教育が重要
(早田由布子弁護士・2015年5月29日)

安保関連法反対を訴え、デモ行進する高校生。2015年9月19日、京都市。写真提供：時事通信。

発言を読み解く

　この発言は、衆議院の政治倫理の確立及び公職選挙法改正に関する特別委員会に参考人として出席した、早田由布子弁護士によるものです。早田弁護士は、「明日の自由を守る若手弁護士の会」の事務局長でもあります。

　この部分を見ると、「早田弁護士は、若者の投票率を上げることだけが重要だと主張している」と誤解される方もいるかもしれません。しかし、ぜひこの委員会の議事録をHPですべて読んで頂きたいのですが、早田弁護士は、選挙のあり方や学校教育について、数多くの論点を指摘しています。ここではそのすべてを取り上げるわけにはいきませんので、2点だけ、考えてみましょう。

　第1に、早田弁護士は、自身が学校での出前授業を企画してきた経験から、学校が政治に関する教育に対して過度に萎縮しているのではないかとの疑問を投げかけています。

もちろん、学校の先生や外部からのゲスト講師が、自分の政治的見解を唯一正しいものとして生徒に押しつけることは、児童・生徒の思想・良心の自由の観点からみて許されないでしょう。しかしながら、そのような恐れがあることを理由にして、学校が憲法や政治に関わる問題を扱わない、ということになれば、それは「政治に対する忌避」であると、早田弁護士ははっきり批判しています。早田弁護士は「政治的な無菌状態に置いておきながら、十八歳になったからいきなり投票に行きなさいというのでは、判断ができない」と述べ、児童・生徒が多様な意見に触れる機会を保障していくなかで、政治的力量を身につけていくことの重要性を指摘しています。

　第2に、早田弁護士は「**学校教育**の現場で、その時点においてまさに政治課題となっている点」を取り上げて議論することの重要性を指摘しています。

　18歳選挙権の導入に前後して、新聞などでは、選挙について教える授業を報道する記事がよく見られるようになりました。しかしそれら授業の多くは、架空の候補者、架空の政策を設定して選挙を擬似的に体験させるものにとどまっているように思われます。かなり進んだ取り組みをしている学校でも、選挙管理委員会から本物の投票箱を借りてくる、といった水準です。これでは「選挙ごっこ」にはなっても、**政治に関する教育**とは言えないのではないでしょうか。

　アメリカでは、地域の抱える社会的・政治的課題について高校生が関係者をインタビューするなどして調べ、お互いに議論しながら課題解決のための具体的な政策を提起するというプログラムがあります。「プロジェクト・シチズン」と呼ばれるこの活動は全米で取り組まれており、高校生の作り上げた政策は全国大会で発表され優秀なものは表彰されることになっています。

　秘密保護法案の提起から安保法制の審議・「成立」、そして現在に至るまで、議論をリードしてきた世代の一つは、高校生を含めた若者でした。学校は彼らの知的要求にどうしたら応えることができるのか、将来の選挙権行使者を育てるためにどのような教育が求められているのか、次ページ以降で、さらに検討したいと思います。

学校教育と政治教育：教育基本法は14条で「良識ある公民として必要な政治的教養は、教育上尊重されなければならない」と定めている。学校教育の中で児童・生徒が自ら政策づくりをするような活動は、「政治的素養」を身につけさせるためにも重要であろう。
【文献】Center for Civic Education 著、全国法教育ネットワーク訳『プロジェクト・シチズン――子どもたちの挑戦』（現代人文社・2003年）

選挙権年齢

　日本経済新聞電子版2015年3月7日付の記事によれば、国が調査できた191カ国・地域のうち、176が18歳段階で選挙権を認めています。18歳以前に認める国も、オーストリアなど複数あるとのことです。

　憲法は、選挙権を認める年齢を数字では定めていません。15条3項で「成年者による普通選挙を保障する」と定めていますが、「成年」は何歳かという規定もありません。44条で「両議院の議員及びその選挙人の資格は、法律でこれを定める」と定めているところからすれば、憲法は選挙権年齢について、国会が自由に法律で定めることを認めているようにも読めます。

　一方で、15条1項は「公務員を選定し、及びこれを罷免することは、国民固有の権利である」と定めています。「固有の権利」という強い言葉からすると、選挙権はできるだけ広く認められるべきだという考え方も成り立つでしょう。

　世界の選挙の歴史を見ると、民主主義の政治システムを採用した国であっても、当初は選挙権を少数の人々にしか認めないのが普通でした。そもそも女性は長い間にわたって選挙権を認められてきませんでしたし、財産や収入で選挙権を制限する国も多くありました。しかし、国民主権の理念の基本からすれば、そのような制限は認められないのではないか、という考え方が広まり、選挙権の範囲は拡大していったのです。

　子どもの権利条約は、18歳未満の子どもに「**意見表明権**」を保障しています。この権利は、単に子どもが自分の意見を表現するだけではなく、子どもが、自分に関係のあることについて意見を述べ決定に参画することまで保障したものとみるべきでしょう。まさに、子どもも含めたすべての人が、人生における様々な決定の主人公である、ということを基本に考えれば、日本が18歳から選挙権を認めることにしたのは、遅すぎる決断だったのかもしれません。

子どもの権利条約と子どもの意見表明権：子どもの権利条約（児童の権利に関する条約）は、子どもに関わる事柄を決める際には子どもの意見を尊重すべきことを定めている。子どもを権利の主体として尊重し、子どもが決定手続に実質的に参画することによって、子どもの最善の利益を保障しようとするものと見なければならない。また、日本に在住する外国籍の子どもの意見表明権も保障されなければならない。この点からすると外国籍住民に選挙権が認められていないことを無視した「主権者教育」は、その理念を厳しく問われることにもなる。
【文献】木附千晶・福田雅章・DCI日本『子どもの権利条約ハンドブック』（自由国民社・2016年）

教育の中立性

　「学校の授業は中立であるべきだ」という意見については、多くの人が一度は耳にしたことがあると思います。しかし、それは本当に可能でしょうか。
　たとえば、筆者は、高校3年生の時に丸山真男の「『である』ことと『する』こと」という評論（もともとは講演の記録です）を国語の教科書で学びました。しかし最近では、この文章を採用していない教科書の方が多いようです。教科書のページ数や授業時間が限られている以上、ある作品をとりあげ、別の作品を取り上げない、という決定の段階で、既に教科書執筆者や授業をする先生の価値観が入り込んでいるのではないでしょうか。この点から言えば、厳密な意味での「中立」はあり得ないと言えましょう。
　加えて教育は、子どもたちが本来的・潜在的に持っている能力を開花させ、成長と発達を保障するためのものではなくてはなりません。既存の社会のあり方を受け入れるだけでなく、社会へ主体的に**参画**し、新たな社会を作り上げていく想像力と創造力に富んだ人間を育てることが求められましょう。
　難しいのは、子どもの思想・良心の自由を保障し、かつ、子どもの成長・発達を保障するような教育を、制度としてどう構築していくか、という点です。国家が教育内容を一方的に決めてよい、という制度では、国家にとって都合のよい人間づくりになりますし、すべて先生にお任せする、という仕組みでは、先生の個人的な価値観に基づく教育の押しつけになる可能性があります。
　鍵は、子どもを主体とした、議論の活発な学校づくりを進めることにあるのではないでしょうか。特に、学校教育の内容については、子ども自身（←子どもの意見表明権）、親や保護者（←教育は古来から親が行ってきた）、教師（←教育の専門家）、地域住民（←新しい世代を迎え入れる側）の4者が率直に議論し、その中で決定されるべきだと思われます。

参画：文部科学省は、2015年10月29日に「高等学校等における政治的教養の教育と高等学校等の生徒による政治的活動等について」という通知を出した。これは、学校外における高校生の政治活動を原則として認める一方、学校内ではその制限・禁止を求めている。しかし、政治的活動が表現の自由などの精神的自由に基礎を置くものであることからすれば、一律に制限したり禁止したりすることは、憲法違反の疑いが強い。
【文献】広田照幸・北海道高等学校教育経営研究会『高校生を主権者に育てる——シティズンシップ教育を核とした主権者教育』（月刊高校教育増刊号、学事出版・2015年）

名言⓬
声をあげられない人にあたたかいメッセージを発信
（前渋谷区長・桑原敏武氏・2015年3月23）

東京都渋谷区で全国初のパートナーシップ証明書を交付。2015年11月30日。写真提供：時事通信。

発言を読み解く

　これは2015年3月23日、東京都渋谷区の「男女平等及び多様性を尊重する社会を推進する条例」の案が提出されるさいに行われた記者会見での、前渋谷区長・桑原敏武氏の発言です（全文は「桑原区長「日本の性的マイノリティは、絶望のなかに生きている」」（「ログミー」掲載動画および書き起こし記事、http://logmi.jp/45338）。提出された条例は可決後、同年4月1日に施行され、全国で初めての「同性パートナーシップ」を認める条例となりました。条例は、区内に在住する20歳以上の同性カップルに、公正証書の作成を条件として証明書を交付することとしています。現在のところ、**憲法24条および民法に言う「婚姻」**すなわち法律婚とは異なります。

　この記者会見発言には、性的マイノリティに関する認識と考え方のエッセンスが込められています。以下、重要な言葉を抜粋します。

「……渋谷は互いに助けあって生活するという伝統と、多様な文化を受け入れてきたという歴史のあるまちです。しかし一方では、性的マイノリティの問題（を抱える）子どもたちは温かい理解を得られず、異端視され、揶揄、嫌悪の対象とされるため、あるがままで生きることに恐怖心を持ち、未来の展望を描けず、孤立しています。それゆえ、早い段階から教育や職場などの社会において、人間の性の多様性について肯定的な啓発が重要です。区も社会も国も、これらの声のあげられない人々にあたたかいメッセージを発信し、性的マイノリティの子どもたちの自尊感情や自己肯定感を高め、合わせて人権感覚をうむ大切な機会にしなければいけません。成人となったのちの社会での差別（についても）、区民や事業者の施策への協力を積極的に働きかけて、男女差別のみならず、性的少数者のために相談窓口を設け、多様性社会推進会議の助言を受けながら、的確に勧めてまいりたいと思います」（上記HPを参考に要約）。

　渋谷区では同年11月5日、この「同性パートナーシップ証明書」の交付を開始しました。それに先立つ10月23日の記者会見で、長谷部健区長は「風穴が開いたと思っている。差別をなくすことに対して、町として全力を挙げて取り組んでいきたい」、「マジョリティの意識変化が求められている」と語っています（ハフィントンポスト日本版ライフスタイル2015年10月23日〔電子版〕）。

　隣接する東京都世田谷区でも同じ11月5日に、同性カップルのパートナーシップを認める「宣誓書」の第1号が発行されました。

　婚姻に準じる関係が公的に認められることは、住宅の購入、保険の受取人指定や相続、病院での付添など、当事者にとって重要な生活場面での意味を持つことはもちろんです（現在、多くの住宅販売業者や保険業者がこうしたカップルへの商品販売を開拓しはじめています）。同時に、こうした社会的承認が広がることで、性的マイノリティとされてきた人々全体が被ってきた《生きにくさ》の問題が解消されていくことも期待されています。前渋谷区長の発言には、この《生きにくさ》を理解した上でその解消に取り組もうとする姿勢が読み取れます。

憲法24条における「婚姻」：憲法は24条1項で、「婚姻は、両性の合意のみに基いて成立」するとし、2項で「家族」に関する事項について「法律は、個人の尊厳と両性の本質的平等に立脚」することとしている。ここでは婚姻届を提出する「法律婚」が対象だが、公的な届出をせずに実生活を共にしている「事実婚」にどこまでその趣旨を及ぼすべきか、議論されてきた。渋谷区や世田谷区の「パートナーシップ証明」は法律婚を認める制度ではなく、事実婚を公的に認める、という発想になる。

性的マイノリティ

　人の性愛関係のあり方として、異性愛を多数派（マジョリティ）と考えた場合、それ以外の多様なあり方全般を指して「性的マイノリティ」と言います。**LGBT**という呼び方もかなり定着しています。

　近年では、とくに同性愛者カップルの婚姻制度上の不利をどう克服していくかという問題がクローズアップされてきました。アメリカでは2015年6月、合衆国最高裁判所で、同性婚を認めない婚姻制度を憲法違反と判断しました。日本の場合、憲法24条に「両性」という文言があるので同性婚は認められないとする見解もありますが、ここで言う「両性」を「異性」2名に限定する必要があるのかは疑問です。

　日本には、かつての英米にあったようなあからさまな法的・制度的な差別は少なく、むしろ家族や友人や職場の日常会話、メディアの雑談などの文化の中に、同性愛者であることを嘲笑したり嫌悪したりする風潮がありました。これも当人たちにとっては、法による禁止と同じ、苦痛な経験です。性にかかわる問題は、そうした事情からくる《語りにくさ》があるために、自分たちの状況やニーズを表明できずにいる当事者が大勢います。アメリカや日本（新宿）ではこの状況を打開しようという趣旨から、仮装デモ「ゲイ・パレード」が行われていますが、これに対して「足りないという感じがする」と述べた2010年12月の石原東京都知事の発言は、当事者の人格を公的に傷つける失言でした。沈黙を破って自分のアイデンティティを表明することを「カミング・アウト」と言いますが、差別や差別感情が蔓延している社会では、これが困難なのです。前渋谷区長の言葉は、この困難への理解を語ったものです。

　ただ、婚姻や《声を上げること》はあくまでも選択の自由です。こうした流れが、《結婚》や《カミング・アウト》の押しつけにならないよう、気を付ける必要があるでしょう。

LGBT：レズビアン、ゲイ、バイセクシュアル、トランスジェンダーの略語。性的マイノリティには多様なあり方がある。また、LGBTには含まれていない「性同一性障害」も、「性的マイノリティ」に含まれると考えられている。
【文献】志田陽子「セクシュアリティと人権」石埼学・遠藤比呂通編『沈黙する人権』（法律文化社・2012年）

文化多様性（多文化主義）

　渋谷区の条例には、「多様な文化」「多様性社会」という言葉が登場します。これは、性別（ジェンダー、性指向）、人種、外見、文化的・宗教的慣習などさまざまな違いを持った人たちが、一つの文化への同化を強制されずに、多様なあり方のままで尊重され共存できる社会のことを意味します。「**多文化主義**」とも呼ばれる考え方です。これらの問題は、憲法の「平等」や「人格権」（幸福追求権）の保障の新たな展開として考えられています。

　多様性の尊重に基づいた共存という考え方は、ほとんどの国の憲法に合致した理念ですが、具体的なところでは憲法の思考法に修正を求める場面もあります。美観や価値観、世界観、宗教といった文化的な事柄は、個人にその「自由」を保障し、国家は関与せず中立の立場をとることが基本なので、淘汰される文化が出てきたり、あるライフスタイルを選んだ人が不利な立場に置かれたりすることは、社会自身の成り行きに委ねて国家は介入するべきでない、ということが原則になります。が、そこを「多様性」の尊重という考え方によって修正し、弱い状況に置かれている民族文化の保存に配慮したり、歴史的に不当に不利な立場に置かれてきた民族集団に状況回復の支援策を講じたりすることをどこまで認めるかが、現在の社会の課題です。

　世界を見ると、女性の役割、教育の平等保障などの分野では、その社会の伝統文化（たとえば女子に課される低年齢結婚の習慣や、女子に高等教育を行わない習慣など）を尊重するか、憲法的な平等・自由を普遍的人権として保障するか、という衝突が起きやすくなっています。また、文化的衝突がテロリズムを生んでいるとの議論もありますが、混迷する状況を多文化主義の失敗として語るのは性急にすぎるでしょう。衝突を乗り越え、対話による解決がますます必要とされています。性的なライフスタイルの多様性についても、今、私たちはそうした気づきに直面し、模索を始めたところだと言えます。

多文化主義：今日の社会は、国際化・グローバル化の流れの中で、多様な異なる文化が共存する多文化社会である。この現状を肯定し共存を支える方向の政策や学問的立場を「多文化主義」と呼ぶ。移民や先住民族の権利や自己統治をめぐる議論が中心だったが、今では問題領域はもっと広くとらえられている。
【文献】志田陽子「多文化主義とマイノリティの権利」杉原泰雄編『新版　体系憲法事典』（青林書院・2008年）

第3部
民主主義にコール！
いま何ができるのか

● 「憲法9条にノーベル平和賞を」

鷹巣直美さん（「憲法9条にノーベル平和賞を」共同代表）に聞く
インタビュアー：飯島滋明（名古屋学院大学教授）

受賞することが目的ではなく、9条の理念が世界で共有されることが願い

鷹巣直美（たかす・なおみ）さん。2015年3月2日撮影、現代人文社にて。

飯島 「憲法9条にノーベル平和賞を」という運動ですが、2014年と2015年、ノーベル平和賞受賞の有力候補となったことからメディアで大きく取り上げられ、多くの人に知られるようになりました。今日は「憲法9条にノーベル平和賞を」の運動の発起人で、共同代表の鷹巣直美さんにお話を聞きたいと思います。

「戦争は絶対してはいけない」と祖母から

飯島 まず最初に聞きたいのですが、鷹巣さんはお祖母さんから「戦争は絶対にし

てはいけない」ということを小さい時から聞いていたということを発言されていると思います。どのような話を聞いたのでしょうか？

鷹巣　祖母は福岡市で育ち、家族で満洲へ移住、敗戦直前に朝鮮の平壌に移動し、そこで敗戦を迎えました。その後、昼夜なく歩き、やっとの思いで船乗場までたどり着き、無事博多港に戻れたと聞いています。祖母は平壌を出る時、長い髪を切り、坊主頭にして、男姿で自分の母親と2人で逃げたといっています。途中靴がなくなり足裏がひどく腫れ、この傷を戦後、何度か手術したのですが、元に戻らず、歩く度に痛い痛いと言いながら、風呂上がりに象の足裏のように固くなった皮膚を削っている姿を記憶しています。

　その祖母から聞いた話では、敗戦と同時に軍人や役人はすぐに逃げ、祖母たちは取り残され、歩いて国境を越えて逃げてきたそうです。検問所でものを取られたり、ロシア兵が夜な夜な押しかけてくるなど、とても怖い思いをしたそうです。看護師の免許は持っていないですが、病人の世話もしていたそうです。その中で「ウジ」をとった話がとても印象に残っています。

飯島　敗戦当時、満洲にいたということだけでも、とても大変な戦争体験をされたことが分かりますね。

鷹巣　軍人や役人はすぐにいなくなった、国の兵隊は国民を守らない、そして女性や弱者が悲惨な目にあった。だから戦争は絶対にしてはいけないということを祖母は言っていました。

飯島　「戦争は絶対にいけない」という気持ちを戦争体験者は強く持っておられるのを、私も戦争体験者の話を聞くたびに感じます。

鷹巣　祖母は2014年8月に91歳で亡くなりましたが、亡くなる直前、安倍首相が閣議決定をした集団的自衛権行使容認に関するニュースがテレビで流れました。私が「戦争は絶対だめだよね」と聞くと「戦争は絶対にいけない」と言い、それからしばらくして息を引き取りました。祖母の遺言です。

オーストラリアでの難民との衝撃的な出会い

飯島　鷹巣さんの中での貴重な体験の1つである、オーストラリア留学時の難民との出会いのことについてもお話をうかがいたいと思います。難民の方からどのような話を聞いたのでしょうか。

鷹巣　オーストラリアには1997年から2002年まで留学していました。南スーダンから来たデービッド君の話ですが、彼は小学校にいる時に襲撃され、エチオピアの難民キャンプまで逃げたそうです。たくさんの人が殺され、首を切られた友人が、首

がないまま歩いているのを見たとも言っていました。また、逃げてくる途中も友人が餓死したとも。そして、それ以来、家族とは会えていないと。

飯島　首を切られた人が歩いている……かなり衝撃的な場面ですね。

鷹巣　そうした悲惨な体験をしてきた彼ですが、私が日本人だというだけで、難民キャンプで緒方貞子さん[*]に会った、日本はトラックでたくさんの物資を運んでくれてありがとう、と日本にとても感謝していました。

飯島　デービッド君以外の難民についてはどうですか。

鷹巣　私の通っていた教会にはほかにもたくさん難民の方がいました。祖国での悲惨な経験の話をしている時に、泣き崩れる女性の姿が特に強く焼き付いています。あと、オーストラリアでは、タスマニアという小さな島にある大学に行っていたので、人が来ればそれとなくわかるのですが、コソボから来たであろう5、6人のご家族が疲れ果てていた様子も見ました。また、イラクから来た18、19歳くらいの女性は、体には傷があり、髪の毛も薄くなっていて国境を歩いて逃げてきたと言いました。あと、難民ではないのですが、インドネシアのアンボン出身の友人は、アンボンの大学や教会が暴徒に襲撃され家族の安否を毎晩心配していました。私と同じ世代の人が、戦争で人生をめちゃくちゃにされ、どれほどの恐怖と苦労を強いられてきたか知り衝撃を受けました。

憲法との出会い

鷹巣　日本にいたのは10代のころですが、社会問題にはほとんど関心がなかったのです。それが、オーストラリアでの留学体験を契機に変わりました。日本に戻ってきて、日本国憲法の前文と9条を改めて読み感激しました。その時、世界中の人々の幸せと平和を願い、自ら率先して「戦争をしない」と言い切る、この憲法はなんと素晴らしいのだろう。こうした素晴らしい憲法を多くの人に広めなければと思いました。

飯島　「戦争」や「武力行使」を禁止するだけではなく、「戦力」を持たないことを宣言し、「国の交戦権」を否認するなど、世界的にも先進的な憲法ですね。

鷹巣　ところが2007年、第1次安倍政権が憲法を変えるための「国民投票法」を成立させたときに、戦争をしないと誓う憲法を変えて、再び戦争ができる国づくりを進めていることに気づきました。戦争をしない憲法を変え、戦争ができる国にな

---

[*]　1976年、日本人女性初の国連公使、1991年から2000年12月まで第8代国連難民高等弁務官。その後も人間の安全保障諮問委員会委員長、独立行政法人国際協力機構（JICA）理事長を歴任。カリフォルニア大学で政治学博士号を習得。

ったら大変だと思いました。難民になった友人を思い、難民を支えることも、これ以上戦争で「難民」を生み出さない努力も両方必要です。

　個人的な話になりますが、2005年に結婚し、2006年に子どもが生まれました。いま、3歳と9歳の子どもがいます。子どもはどの子も本当にかわいいです。このかわいい、世界中の子どもたちをひどい目にあわせる戦争は絶対にしてはいけないと強く思うようになりました。

EUの受賞を契機に思いつき、メールを送る

飯島　憲法9条の理念に共感する人は少なくないと思います。ただ、憲法9条にノーベル平和賞を受賞させようと思って実際に行動する人はほとんどいないのではないかと思います。どのような思いで行動に移したのでしょうか。

鷹巣　1つのきっかけは、2012年に、当時、経済問題の渦中にあったEUがノーベル平和賞を受賞したことでした。2009年にオバマ大統領がノーベル平和賞を受賞したことなども考えると、ノーベル平和賞というものは、それまで実践してきた実績を評価するだけではなく、将来の期待を込めて授与する賞、高い目標に向かって進もうとする人たちを応援するためにも与えられる賞だということを感じました。そうであれば、「憲法9条も受賞できるのではないか」と思い立ち、2013年1月に、「憲法9条にノーベル平和賞を授与してください」というメールをノルウェーの「ノーベル委員会」に送りました。

　その後、2013年5月にはネット署名にとりくみました。5日間で集まった1,342名の署名をノルウェーのノーベル委員会に送りました。すると翌日、ノーベル委員会から返信が来て、「ノーベル平和賞は個人か、団体でないと対象にならない。推薦できる人の条件と、今年は推薦状が出ていない」と教えてくれました。

　憲法が無理なら、誰なら大丈夫なのかと思って憲法を読み直してみると、主語が「日本国民」となっていました。そこで日本国民に授与してくださいと修正して、再度ネット署名を立ち上げました。

飯島　「ネット署名」ですが、私のようにネットに詳しくない人間にはピンとこないのですが、簡単に立ち上げることができるのでしょうか。それと、どれくらい有効なのでしょうか。

鷹巣　私もネットには疎いのですが、それでも、1分くらいで簡単に立ち上げられました。「誰に」、「何をしてほしい」、「どうしてか」という3項目を入力するだけです。そして、お友達に、良かったら賛同して！　とメールなどでお願いするだけです。1人ひとりの声や力はとても小さいですが、たくさん集まると大きな力になると実感し

ています。1人でメールを送っている時には何も返事はありませんでしたが、1,342名分の署名を添えてノーベル委員会に連絡したらすぐに返信をいただけました。

共同実行委員会を立ち上げる

飯島 はじめは1人で活動していたのに、実行委員会を立ち上げるようになったのは、何か理由があったのでしょうか。

鷹巣 はじめのうちは1人で行動していたのですが、そのうち、「憲法9条にノーベル平和賞を」の活動が知られるようになると、嫌がらせの電話がかかってきたりしました。また、悪口が書かれているサイトがあることも知り、急に怖くなりました。

　何かあったとき、警察に頼るということも考えましたが、それよりも、近くに仲間がいた方が頼りになると考え、2013年8月に、地元の3つの9条の会に協力をお願いし、有志による実行委員会が発足しました。特に、最初の頃の実行委員会は、戦争を知る70代、80代のみなさんが中心になってくださり、暑い日も、寒い日も、一所懸命会議に出てきてくださり「もう二度と戦争させない！」という強い意志でいろいろ教えてくださいました。

　このように近所に仲間ができたことは心強く、いつの間にか怖さが消えていました。この時、武力がなくても、戦争をなくすために協力してくれる仲間が身近にいること自体が「安全保障」であると感じました。

　その後も「公開質問状」というのを受け取りました。素人の私にはわからないことだらけで、あまりの恐怖に吐いて寝込んでいたときに、たまたま神戸の推薦人の岩村義雄先生から電話が入り、状況を説明しました。そしたら、岩村先生が何かあったら対応するからこちらに回してくださいと言ってくださり、回答してくださいました。このご恩は決して忘れません。推薦人の先生方のお力添えで2014年度始めて「憲法9条を保持している日本国民」がノーベル平和賞候補として登録されました。

飯島 多くの人たちの協力もあったのですね。どのようにノーベル平和賞候補として登録されたと分かったのでしょうか。

鷹巣 2014年度は4月に、2015年度は6月にノルウェー・ノーベル委員会から、推薦書が有効な場合に送付される受理通知が推薦人の先生方に届きました（次頁の写真）。受理通知が届くまでは、「日本国民」が団体として認められるのかという不安がありましたので、本当にうれしかったです。ノルウェー・ノーベル委員会の寛容さと理解にも本当に感謝しています（聞き手：その後の運動の状況については、本書第2部の発言❼で紹介していますので、ご参照ください）。

ノーベル平和賞候補として登録されたことを示す受理通知（2015年度）。2015年6月9日がノルウェー・ノーベル委員会からメールが届いた。

「安保関連法案に反対するママの会」の立ち上げにも参加

飯島 鷹巣さんは「9条にノーベル平和賞を」だけではなく、他の活動にもかかわっていると聞いたのですが、どのような活動に関わっていますか？

鷹巣 まず、「安保関連法案に反対するママの会」の立ち上げに関わらせていただきました。合言葉は、「だれのこどももころさせない」です。

飯島 ママの会で、鷹巣さんはいまも何らかの活動をされているのですか。

鷹巣 最初、住んでいる神奈川県内で活動していました。しかし、政府が憲法にも、国会の手続にも、国民の声にも反して、安保関連法を強行採決したことに怒り心頭で、可愛い子どもたちを好き勝手にはさせないという強い憤りと抗議を示すために、昨（2015）年10月から毎週金曜日の午前中、国会前でママの会のコールをしています。政府の方が、「国民はすぐ忘れる」と言ったことにも頭にきたからです。国

会正面前は、国会を前に抗議する象徴の一つだと思いました。だから、子どもをもつ母親として、子どものために1人でも、国会正面前に立って、抗議し続けようと思いました。

　国会前に行ってみたら、同じように個人の意思で抗議し続けている方々がいることを知り、励まされ、ある人は一緒に活動してくださっています。また、昼間は、国会議事堂見学に、4,000人から6,000人という子どもたちが通ることがあります。そうした子どもたちがコールを返してくれることもあります。少しの時間ですが、戦争のない世界を願う気持ちが通じあう気がします。平和の種まきだと思って、5年後、10年後、いつかいつか、みんなの心に美しい平和の花が開き、世界中に豊かな平和の実を結ぶことを夢見つつ期待しながら続けています。

飯島　他にはどんな活動に関わっておられますか？
鷹巣　今、国連の人権理事会では、「平和への権利」を国際法典化しようとする動きがあります。日本でも、弁護士の笹本潤先生を中心に、この運動に関わっている弁護士や学者の先生たちがいます。笹本先生からは、「日本の憲法は、戦争放棄の憲法9条と共に、平和的生存権を憲法で保障する世界で唯一の憲法だ」ということを教わりました。憲法前文にある「平和的生存権」と同じような内容を持つ「平和への権利」が国際法典化されることで、安保理で拒否権を持つ国の軍事行動にも制限をかけることができるかもしれません。そこで、「平和への権利」の実現も応援しています。

ノーベル平和賞を受賞することが目的ではなく、9条の理念が世界で共有されることが願い

飯島　最後になりますが、この活動の目的をお聞かせください。
鷹巣　ノーベル平和賞を受賞することが目的ではありません。憲法9条の存在に光が当たり、9条の理念が世界で共有されることが私たちの願いです。9条が素晴らしいと知ってもらうことが目的です。

　以前、私は米兵と離婚した女性の話を聞いたことがあります。その米兵はベトナム戦争から戻ってきた後、アル中になり、人柄が変わったとのことでした。戦争に行き、人を傷つけてくる人自身も、実は傷ついて帰ってくるのです。どこの国でも戦争をしたいと思っているのはほんの一部の権力者だけです。多くの市民は、戦争などをしたいとは思っていないと思います。戦争に人を送るのは罪ですが、今、声をあげないのも、戦争に加担するのと同じことになります。子どもといるからわき上がってきますが、どこの国の子どもも戦争でひどい目にあわせたくありません。世界

中の誰の子どもも殺させないために、声をあげ続けていきたいと思います。

飯島　1919年に成立し、「最も民主的」と言われた「ワイマール憲法」ですが、「押しつけられた憲法」「ドイツに合わない」と当時のドイツの右翼が批判していました。確かに、ワイマール憲法の理念を担うにふさわしい「市民」が当時不十分でした。その結果、ヒトラー率いるナチスが政権の座に就き、世界中を戦争の惨禍に陥れました。日本でも、日本国憲法は「アメリカから押しつけられた」「天賦人権思想は日本に合わない」という政治家が政権の中枢にいて、世界中で武力行使が可能になる国づくりを進めてきました。そうした中、憲法の理念を実践する「市民」を鷹巣さんや、鷹巣さんと一緒に活動されている人々に見出した気がします。

　本日はありがとうございました。

(了)

●安保関連法に反対するママの会

西郷南海子さん(安保関連法に反対するママの会・発起人)に聞く

インタビュアー：石川裕一郎（聖学院大学教授）
　　　　　　　志田　陽子（武蔵野美術大学教授）
　　　　　　　榎澤　幸広（名古屋学院大学准教授）

だれの子どももころさせない

西郷南海子（さいごう・みなこ。中央）さん、石川裕一郎（左）、志田陽子（右）各氏。2016年2月19日、京都。

　2015年7月、"安保法案に強い危機感を持った一人のママ"がフェイスブックで「安保関連法に反対するママの会（以下、ママの会）」を立ち上げ、渋谷での安保法案反対デモ（7月26日の「ママの渋谷ジャック（街頭宣伝とデモ）」）を呼びかけたことがきっかけで、サイレントマジョリティといわれた全国各地のママたちが声を上げ始めました。[*1] 本稿は、正にママの会を立ち上げ渋谷ジャックを呼びかけた西郷

＊1　ママの会のHP＜http://mothers-no-war.colorballoons.net/＞。渋谷ジャックは全国からママたちが2,000人も集まりデモ行進をした。

氏からお話を伺ったインタビューの要旨です。[*2]

ママの会の主人公はそれぞれのママです

石川　ママの会、今はほぼ全国にありますね。専業主婦の方が多い地域では主に平日昼間に活動しているようなのですが、京都ではどうですか？

西郷　ワーキング・マザーが多いです。平日昼間はほぼ動けないので休日を中心に活動してます。ただ、「ママの会の主人公はそれぞれのママです」としているので、その人がやりやすい時間帯で主催してもらえればよいと思います。

石川　京都の規模はどれぐらいで、今はどういう活動をされてますか？

西郷　中心メンバーは10人位で、現在は選挙中心です。京都では、市長選、補選、7月の参院選と続くのです。ただ、私は選挙にばかりフォーカスするよりも街頭に出続けたいと思っています。

石川　意思決定するコアなメンバーがいらっしゃるのですか？

西郷　誰かが意思決定して動くではなくて、議員事務所周りや街頭演説など、それぞれの向き不向きに合わせて動くという形でやっています。

石川　京都だと一般的にはどこで市民運動が行なわれていますか？

西郷　今までの市民運動だと、円山野外音楽堂で集会し、デモして解散というのが多いんですね。でも、小っちゃい子連れて音楽堂まではかなり駅から歩かなくちゃならないので、なるべく無理のない形にしています。[*3]今後もたとえ5分だけやって抜けたとしても気まずくないやり方でやっていきたいと思っています。

まだまだ私達あきらめていない

石川　西郷さんは全国のママさんたちとも関わられていますよね。

西郷　丁度昨（2月18日）日、事務のメンバーたちと東京でミーティングをしてきました。そこで「2000万人署名[*4]中々進んでいないよね」という話をしました。現在は学校などでも名簿を作らないし、従来の署名だと住所とか個人情報を頂く形になるので、なかなかハードルが高いのです。そうしたら、「個人情報出さなくても葉書

---

* ＊2　2016年2月19日の本インタビューは石川・志田・榎澤で、インタビュー要約は2016年2月19日、榎澤。
* ＊3　京都市東山区円山町の円山公園内にある、2,528名を収容できる野外施設。
* ＊4　戦争させない・9条壊すな！総がかり行動実行委員会の「戦争法の廃止を求める2000万人統一署名」のこと。HPアドレスは＜ http://sogakari.com/ ＞。

で送れるよ」という意見が出て、早速ママバージョンを作ることになりました。

　また、5月5日子どもの日に新宿のホコ天で街頭演説しようって案も出ました[*5]。選挙ばかりではなくて、武器輸出とか自分の国で作ったモノのせいで誰かが死ぬかもしれないという事態が刻々と迫っているので「戦争の道具つくるのやめよう　だれの子どももころさせない」という大きい横断幕に風船つけて浮かべたいと思っています。更にその時、全国のママたちに「まだまだ私達あきらめていない」と一斉行動を呼びかけようとも思っています。

"ママ"というのは生活の中の言葉

志田　女性の活動団体が多くある中、ママの会は"ママ"、つまり子どもの親であることをアイデンティティとしてますね。そこに込めた想いは何でしょう？
西郷　一人で最初立ち上げる時に、SEALDs[*6]のようなカッコいい組合せも考えたのですがいいのが見つからず、なら、学者の会[*7]みたいに思いっきりわかりやすいのにしようと思い、「ママの会」としました。"母親"としなかったのは、私が子どもに接するときの一人称が"ママ"なんです。結婚すると「○○ちゃんのママ」になって固有名詞がなくなるのは嫌だという話があると思うのですが……。でも私は「○○ちゃんのママ」にならなかったら、そのママと出会わなかったわけですし、私にとっては"ママ"というのは生活の中の言葉です。女性を個人として見ていないとかじゃなくて、あくまでそういう関係を与えられたというのを大事にしたいなと思っているので、自分にはしっくりきました。

だれの子どももころさせない

志田　自分の子どもだけでなく遠い国で戦争に巻き込まれる子どもも含めた射程の広さ、更に次の世代にどういう社会を残すべきか世代間正義について考えさせてくれる、「だれの子どももころさせない」[*8]という言葉が好きなんです。
西郷　私もすごく気に入っていて。「だれの」がついてるのが1つ目の肝心な所で、今までの戦争って「あっちの国が攻めてくるからこっちは守らなくちゃいけない」と

---

*5　2016年2月18日、ママの会事務局ミーティングにて。
*6　自由と民主主義のための学生緊急行動（Students Emergency Action for Liberal Democracy s）のこと。詳細は、第1部11頁、第3部120頁。
*7　「安全保障関連法に反対する学者の会」のこと。HPアドレスは< http://anti-security-related-bill.jp/ >
*8　ママの会が安保関連法案に反対する時のただひとつの合言葉。

あっちとこっちに分けてしまって止められなくなったわけですよね。なので、「だれの」とつけて簡単に敵味方に分けて物事を考えないようにする。更に、今は人間が取り換え可能な部品のように扱われている社会と思うんです。その人だって誰かの子どもなのであって、そういうかけがえのない関係の中にしか人間はいないんだってことをもう一回言っていきたいです。つまり、死んでもいい人なんていないということを、人間がどうやって生まれてきたのかという所から考え直したいと思うんです。

　それから、「ころさせない」の部分が2個目の大事な部分です。「ころさない」ではなくて「ころさせない」なんです。戦争は、国が宣戦布告した結果、国の命令で戦地に送られてしまう人が出てくる。上からの命令で市民が駆り出されそれを仕事としてやらなければならないという構造があると思うんで、そういう構造の中に入っていかないという所に「させない」という使役形が入っています。これは私の後づけでもあるんですけど。

志田　全世界の国民が等しく持っているという平和的生存権（日本国憲法前文）の考えに相通ずると思うので、このコンセプトは世界発信してほしいですね！[*9]

西郷　また、「だれの子どももころさせない」は、ただ戦争しないという9条だけではなくて、原発事故や生存権が関わる貧困の問題も含んでいます。

そんなことのために納めたんじゃない

志田　安保法制が実施されたら、いろんな立場で安保法制の当事者というか被害者が出てくるわけですが、西郷さんやママの会は当事者性をどう考えますか？

西郷　今、待機児童の問題が大変で、保育所がなければ職場に戻れないのです。職場に戻れなければ「はいさよなら」でいきなり収入がなくなるという誰もが崖っぷちを歩いている状況です。私も皆もほんとに歯を喰いしばるようにして働きながら保育園の送り迎えしているんです。そうした上で納めた税金が、オスプレイや迎撃ミサイルになっていて……。「そんなことのために納めたんじゃない！」と思います。そもそも防衛装備庁発足の件はおかしいと思いますし、日本経団連の「国家の政策として武器輸出を進めるべきだ」という意見も疑問です。[*10] 人の血を流すことで潤うのはどうしても嫌ですし、それに乗っかって「よかったよかった」と思う人間になりた

＊9　関係する憲法前文の部分は、「われらは、全世界の国民が、ひとしく恐怖と欠乏から免かれ、平和のうちに生存する権利を有することを確認する」。

＊10　2015年10月1日に新設された防衛装備庁の政策に対し産業界の考えを反映させるため、9月15日に日本経済団体連合会が出した『防衛産業政策の実行に向けた提言』に示された内容。

くないなとも個人的に思います。

　それと、8月に全国のママで一旦集まってミーティングした時に「3.11がきっかけだった」という人が多かったです。私も何気なく使っていた電気が実は原発から来ていたという現実を初めて突きつけられました。いろんな食べ物からセシウムが検出されることを目の当たりにすると、毎日の選択として、スーパーの売り場で立ち尽くしちゃうんです。「お魚は泳いでくるからどこ産なら大丈夫かな？　いやむしろ外国産の方がいいのかな？　農薬と放射能ならどっちとる？」と。

国って嘘つくんだね

石川　SEALDsのメンバーは中高生の頃に〈3.11〉を経験しています。あの世代にとって、原発や貧困の問題は昨（2015）年の運動と直接繋がっているのです。
西郷　ママの会は3.11の時の前後に妊娠したという人が多いです。「国って嘘つくんだね」ってメンバーがよく言います。今までは皆考えなかったと思うんですけど……。「『安全だ安全だ』って言い続けてたけど全然違かったじゃない」、「『直ちに人体に影響はない』って"直ちに"はそうかもしれないけど、今は甲状腺ガンがあんなにバンバン出ていて、それでもまだ因果関係否定してて…。こんな国に子どもの命任せられない」、「だから、自分たちで情報集めて自分たちで身を守るしかない」という想いが皆の中にあるんですよ。

　私はあまり国という枠組だけで物事考えたくないという立場なんですけど、国を信じられないし、国のやることに無意識だった自分たちに対して「あれじゃだめだったんだね」という意見もあります。

子どもたち自身と一緒に作っていくしかない

志田　「防衛装備庁の装備は災害でお子さんを助けるためのものです。助けてもらわなくていいのですか？」と仮に言われた場合どうお答えになりますか？
西郷　防衛と災害に必要なモノって違うと思うんです。3.11の時も自衛隊のたくさんの方が頑張って救出活動されましたが、何で迷彩服を着ているのか……。消防のレスキューならここにいるってわかるようにオレンジを着るわけですよね……。ただ自衛隊が持っているレスキュー能力に憧れて入る人もいるわけですよね。だから殺す仕事はしてほしくないなと思うんです。
石川　SEALDsのメンバーが「ママの会って強いよね」と言ってました。何が強いかというと、右翼は、SEALDsにはガンガン絡んでくるけど、ママの会は「子どもを

守る」というのがあるから、彼らもなかなか絡みにくい、と。

西郷 確かに言われたことがあります。逆に「9条、つまり丸腰で行くというのは自分らの子どもを敵に差し出す狂った母親たちだ」という批判コメントなどもあります。でもそれは「だれの」の意味がわかっていない！

石川 あと、ママの会のコールは五七五調で、子どもでも言いやすい！[*11]

西郷 子どもって何でもすぐ覚えて言いますよね。デモに連れて行ってそれを言ったら今度は保育園でも言う。「戦争の道具作るのやめよう」や「戦争の理由作るのやめよう」は、その時に子どもが口に出しても正にその通りで何の問題もなく心を開いて言える言葉、何の後ろめたさもなく言える言葉だと思います。

　私の場合は子どもを置いていくといっても預かってくれる人はいないから、どうしても連れていかなくちゃいけないし…。連れて行かなくちゃいけないだけではなくて、子どもってどっかに囲っといて政治的なものから無菌状態なままで育てていけたらいいかと言ったらそうじゃなくて……。子どもたち自身と一緒に作っていくしかないなって思っていて、そこが一つ新しい所なのかなって思います。

今日の夜戦争にならない？

西郷 「子どもを活動のダシにしてるんじゃないか」ということをネットで批判されることがありますが、「何で戦争なくならないの？」と言ってくるのは子どもの方なんですよ！　小学生位だと「何で武器なんか作っているの？」とか。人殺したら捕まるじゃないですか。その道具を作ることがおかしいのは子どもでもわかるし。なので……私たちの場合、子どもたちからの突き上げも結構あります。

　私も7月26日の渋谷ジャックをやった理由は、娘が夜寝る前に「今日の夜戦争にならない？」って聞くようになったのが一つきっかけです。これは昨日の夜も……ほんと毎晩聞いてくるんですけど……。「ママの会を昨（2015）年7月に立ち上げたら、何百人も戦争したくないって言ってくれてるよ」って言ったら、「どこに集まってんの？」と聞いてきたので、「フェイスブックだよ」って言いました。そしたら、「な〜んだ、ふぇいしゅぶっくの中か」って残念そうに言われて……。その一言を聞いた時に私はたくさん人を集めて自分の娘に見せたいなって思いました。多くの人が戦争に反

[*11] ママの会HP掲載のコール案「せんそうさせない　こどもをまもる　せんそうさせない　おとなもまもる　ママはせんそうしないときめた　パパもせんそうしないときめた　みんなでせんそうしないときめた　70ねんかんきめてきた　せんそうのどうぐつくるのやめよう　せんそうのりゆうつくるのやめよう　だれのこどももころさせない」

対してるし、絶対に戦争なんかに巻き込ませないと決意をしている大人もたくさんいることを見せたいなって！

　私はテレビをあまり見ないのですが、この渋谷ジャックをテレビで見て「ママにもできるんだって思って立ち上げました！」という方、結構いるんですよ。

いかに沖縄の声を本土に響かせていくか

石川　脱原発の頃から、フェイスブックやツイッターの威力が出てきたのですが、テレビの力って依然大きいですよね。
西郷　「野党共闘」とか、私のこの小っちゃいスマホの中ではめっちゃ盛り上がってるのに、確かに一歩外れると全然情報が行ってなかったりしますね。
石川　アナログなやり方だけど、紙のチラシをばら撒くというのもそれなりの有効性があるわけですよね。その点、メディア戦略はどうですか？
西郷　マスコミ批判よくありますけど、頑張っている記者さんもたくさんいます。その人たちとどうやって個人として繋がっていけるかという所を大事にしてますし、「一緒にやろう」って呼びかけ続けるしかないかなと思います。新聞に印刷されて載ると目に留まりやすいですし。

　先日沖縄の辺野古テント前に行った時、沖縄タイムスと琉球新報の2社が互いに協力し合う姿を見て、メディア同士って競ってどっちの部数が多いかみたいな潰し合いをしているイメージがあったけど、2社のこの姿はすごく新鮮でした。ちゃんと助け合って権力を監視していて、一緒に手を繋ぐ仲間だなって思いました。

　これから「沖縄」は本土のママの会の軸になる部分です。ベトナムやイラクなどアメリカの戦争で戦闘機が沖縄から出た現実、そして今後も出るかもしれないという想いの中、フェンスと隣合わせで沖縄のママたちが「だれの子どももころさせない」というプラカードを持って頑張っているので、本土のママの会の役目は「いかに沖縄の声を本土に響かせていくか」ということです。

作り直しはきかない

石川　活動資金は？
西郷　カンパです。これが庶民のお財布だなって思う額、1,000円や3,000円が多いです。それのお陰でチラシを刷ることができるので、ほんとありがたいなと思います。

＊12　2社の詳細は、第1部失言・暴言❿。

見栄えというのは何ですけど、渡しにくいものは作りたくないです。保育園のお迎えの時間にササッと渡せて、できるだけハードルは下げて、自分たちで可愛いと思えて、かつ、信念が伝わるっていうものです。

　私たちがこれらの活動を止められないし一歩も引かないというのは、毎日子どもと接しなければいけなくて棚上げできる問題ではないんですよね。自分の子どもであっても、もう一回産むことはできないので、そこはモノとは違う所です。その作り直しはきかないという所から「だれの」っていう部分が響いてくると思うんです。

「それでも私はこれから大どんでん返しができると思ってます」

榎澤　本書のテーマに合せてお伺いしたいのが、これらの活動を通じて名言と思ったものや誹謗中傷も含め失言や暴言と思ったものがあれば教えて下さい。

西郷　2007年の柳澤厚生労働大臣の「子どもを産む機械」発言に続く、菅官房長官の「国家に貢献してほしい」発言[*13]。福山雅治さんの結婚に対する発言ですが、「やっぱり私たちの子どもを頭数としか見ていないんだな。数を確保しろっていう少子化対策の本音が透けて見えるな」と思いました。「国家に貢献するために産んだんじゃないし、この子はこの子として幸せになってもらうために生きるのであって、国家に貢献できなかったらどうこうって話じゃないよね」と本当に思いました。産まないと決めた人や産めないとわかった人が『私ってこの国にいちゃいけないんですか？』って思った」とフェイスブックで書いていました。

　名言は、鷹巣さんが記者会見の時に「それでも私はこれから大どんでん返しができると思ってます」と言ったんですけど、その"大どんでん返し"っていいなっと思いました[*14]。彼女は、「なぜなら憲法はまだ一文字も変えられていないからです」とも言ったんですね。彼女の言葉によって「一文字も変えてこなかった70年間の力ってすごいよね」、「自民党結党以来自主憲法制定を言っているけどほらまだできてないじゃないか！」って思えたんです。解釈改憲は確かに悔しかったけど、ああいうやり方でしかできなかったんですよね！

　＊13　菅氏は2015年9月29日、フジテレビの情報番組で、「この結婚を機に、ママさんたちが一緒に子ども産みたいとか、そういう形で国家に貢献してくれればいいなと思っています」と述べている。
　＊14　2015年7月13日、安保関連法案に反対するママの会立ち上げの記者会見（参議院議員会館）にて。

民衆の力は言葉

榎澤　西郷さんのスピーチを聞くと、様々な関係性を大事にし発言しているように思えるのですが、言葉を大事にするというのは元々なんですか？[*15]

西郷　元々、文章書くのは好きで小学校の頃、「みなこ新聞」って言って親戚に配る小学生でした。それと、昨（2015）年7月にSEALDsKANSAIが京大で主催したシンポジウムで、歌人の永田和宏先生がデモクラシーの語源は"民衆の力（デモスクラティア）"ですが、その力は"言葉"だっておっしゃっられたんです。[*16] 私は銀行の口座に大してお金もないし、権力もないけど、確かに自分の体と心と言葉はあるんだなと思ったし、それしか自分の武器はないなって思いました。それから自分の言葉でどこまで人と繋がれるか試してみようって感じで、スピーチの原稿もかなり考えています。即興ではあまりやらないですね。

人間が間違うということの怖さをいつも胸に刻みつけたい

榎澤　悩まれて言葉を紡がれた結果、その言葉に感銘を受けた人との間に更に多くの関係性が生まれているなと思います。でもかなり悩まれてますよね？

西郷　私は鶴見俊輔のプラグマティズムの研究もやっているということもあって、[*17] 人間が間違うということの怖さをいつも胸に刻みつけたいなと思っているんです。小学校の頃、ホロコーストの写真を食い入るように見ていたのですが、[*18]「何でこんなことできちゃうんだろう」って思ったのです。でもできちゃうし……このできちゃうという所にも人間の真実があるなって思いました。

石川　今回の話を聞いて、西郷さんは言葉と身体が一致していると感じました。それに対して、失言・暴言する政治家とかは言葉が軽いんですよね。

西郷　ナチス発言の麻生さんも1ミリシーベルト発言の丸川さんも[*19]「自分はこんな知識あるんだよ、あはは」位のつもりで言っているのかもしれないけど、そこに肉薄し

　＊15　ママの会HP掲載のスピーチ以外に例えば、週刊通販生活のHP掲載の「連続インタビュー企画「憲法と京都」⑵西郷南海子さん」＜https://www.cataloghouse.co.jp/yomimono/kenpo+kyoto/002/index1.html＞

　＊16　「緊急シンポジウム　学者の会×SEALDs KANSAI」＜http://www.kt.rim.or.jp/~k-taka/gakusha_sealds_kansai.html＞での発言。

　＊17　鶴見俊輔『デューイ』（講談社、1980年）などを参照。

　＊18　ホロコーストの詳細は、第1部失言・暴言❶。

　＊19　麻生発言の詳細は第1部失言・暴言❶。丸川発言は、2016年2月7日、丸川珠代環境相が、国が行なう除染の基準が年間被曝量1ミリシーベルトに定められているが何の科学的根拠もないと述べたもの。

ている人間からしたら、顎が外れるって感じですよね。

石川・志田・榎澤　長時間ありがとうございました。とてもいい話でした。

● SEALDs

髙野千春さん
(SEALDs[*1]、Re-DEMOS[*2]研究員、上智大学国際教養学部在学)
本間信和さん
(SEALDs、Re-DEMOS研究員、筑波大学人間学群教育学類在学) に聞く

インタビュアー：石川裕一郎（聖学院大学教授）
　　　　　　　井上　知樹（工学院大学非常勤講師）
　　　　　　　榎澤　幸広（名古屋学院大学准教授）
　　　　　　　奥田　喜道（記録・跡見学園女子大学助教）

どんなに小さな行動でもやれば何かが必ず変わる

髙野千春（たかの・ちはる。右側）、本間信和（ほんま・のぶかず。左側）各氏。2016年2月16日、現代人文社にて。

＊1　本書第1部失言・暴言❸10頁参照。
＊2　2015年12月、SEALDsと「安全保障関連法に反対する学者の会」のメンバー、弁護士らが中心になって立ち上げたシンクタンク。2015年の安保法に対する抗議運動を原点に、日本の立憲主義・民主主義を立て直すことを企図する。

原体験としての〈3.11〉[*3]

榎澤　まず、サウンドデモやラップなどSEALDsのデモはかっこいいですよね。

髙野　実際にラップをしているのは牛田くん（SEALDs　牛田悦正さん）一人くらいなんですが（笑）。でも、メディアに取り上げられるうえではキャッチーでしたね。

本間　ラップやサウンドデモは、〈3.11〉後の反原発デモでもありました。そこでのECD[*4]さん、選挙フェスの田我流[*5]さん、ASIAN KUNG-FU GENERATION[*6]など、音楽が政治に関わる機運は高まっていたのです。政治文化としてのデモは〈3.11〉で変わっていったと思います。

石川　たしかに、〈3.11〉後の反原発運動には音楽関係の方もたくさんいましたね。

本間　自分たち学生は、デモにすぐに参加するというよりはデモを対象として観察していたのですが、興味はありました。「自分たちでデモをやるならこのスタイルを取り入れよう」というのはありました。

髙野　「居心地のいいやり方」というか。

石川　とくにテレビはそのシーンだけ切り取って流すので、テレビしか観ない人は「SEALDs＝ラップとサウンドデモだけで中身がない連中」みたいな固定観念を植え付けられています（笑）。ところで、〈3.11〉の時に高校生だったお二人が、震災や原発事故、そして、その背景にあるこの国の政治に不安を覚えた。その後「首相官邸前抗議行動」[*7]に象徴される反原発運動が活発化し、それが後のSASPL[*8]、そしてSEALDsにつながってゆく。

本間　高校時代の僕は、長期休みにデモや被災地支援に行きました。それまでも反戦平和運動や環境保護運動はありましたが、〈3.11〉は問題の根源を可視化させるものだったと思います。それは環境問題でもあるし、それまで自民党が「安全神話」の名の下に推し進めてきた原子力政策の誤り、自民党の政策決定や政治の

---

* ＊3　2011年3月11日の東日本大震災とそれに続く福島第一原子力発電所事故。
* ＊4　ラッパー。〈3.11〉後の反原発行動、反レイシズム行動等に積極的に参画。SEALDsの定番コールの一つ「言うこと聞かせる番だ俺たちが」の原作者。
* ＊5　ラッパー。2011年に地元・山梨を舞台に、衰退する地方都市とそこに暮らす若者、外国人等様々な人たちの現実を描いた映画『サウダーヂ』に出演。2013年の参議院議員選挙に立候補した三宅洋平氏が展開したライブ型の選挙演説「選挙フェス」に参加。
* ＊6　ロックバンド。リードボーカルを務める後藤正文氏は、〈3.11〉以後反原発のメッセージを発信し続け、最近は歯に衣着せぬ安倍政権批判でも知られる。
* ＊7　2012年3月以降、原則として毎週金曜日に首相官邸前で脱原発を要求して行われている抗議行動。2012年6月29日のそれには約20万人が参加した。
* ＊8　本書第1部失言・暴言❸11頁参照。

在り様でもありました。これに対し、それまで「政治に無関心」と言われていた層が漠然と不安を抱いた。この層が、組織に動員されてではなく、「何かしないといけない」と思って初めてデモに参加したのです。

髙野 私は、震災時はすぐに帰宅できず、在籍していた都内の高校に泊まりました。その頃は被災地ボランティアに行こうと思いつつも行けず、今もあまり行けてません。ただ、テレビで観ていて感じたのは、その頃のお母さんたちの行動力のすごさです。暑い中自分らよりずっと年下の子どもたちを連れて首相官邸前の反原発デモに来ている。今まで思っていたデモの怖さがそこにはありませんでした。他に首都圏反原発連合の方たちもいた。彼らの存在がなければ、日本でデモを体験する機会はなかったし、私たちが自らデモをやろうと思い立つこともなかったかもしれません。そもそも〈3.11〉が起こらなければSEALDsもなかったかもしれない。そして、SEALDsがなければ政治に何かしらの問題があるってことすら気づかない若者が多いままだったのではないでしょうか。

この国は大人が少ない

髙野 この頃の私はデモを運営する側ではなかったんですけど、昨（2015）年6月から始めた私たちのデモには、そのうち学者や政治家の方たちが来てくれるようになりました。最初にいらした小林節先生は「なんなのかよく知らんがとりあえず励ましに来た」とか言ってました（笑）。

本間 昨（2015）年6月、200人くらいしかいなかった時には樋口陽一先生もいらっしゃいました。

石川 6月の金曜日は私も毎週国会前に行きましたが、あの頃はまだそれほど人はいなかったですよね。でも、あの雨の中での樋口先生のスピーチには鬼気迫るものがあった。

髙野 その頃はSEALDsでも樋口先生を知らないメンバーもいたんですよ。なんか知らないおじいちゃんが来てるけど暑くて大丈夫かな、とか心配していました（笑）。

石川 そういう上の世代に対して、SEALDsの皆さんは概して礼儀正しいですよね。以前から運動をやっていた方たちの中には今でも「学者に何がわかるか」みたいな態度の人がいます。

---

* 9 2011年9月、首都圏で反原発運動を展開していた諸団体・個人が結成したネットワーク。
* 10 慶應義塾大学名誉教授。専門は憲法学。
* 11 東京大学名誉教授、日本学士院会員。専門は憲法学。

SEALDsが呼びかけた戦争反対＠国会前抗議行動。マイクをもっているのが石川裕一郎氏、右側が奥田愛基氏（2015年6月12日）。

本間 祭り上げることも馬鹿にすることもしない。それが大人というものですよ。この国は大人が少ない。

石川 たしかに、この国の大人は大人らしくないですね。大人としての自信のなさの裏返しなのかもしれない。

本間 大事なのは対等性です。リスペクトがなければならない。「俺も聞くから、お前も聞けよ」ということ。おもねりもしないし、馬鹿にすることもしない。

髙野 私たち学生も、市民も、政治家も、学者も、メディアも、各々ができることをしていくことが大切で、そのためには互いにリスペクトし合うことが必要です。

本間 チャールズ・テイラー*12という人が、近代以降は集団的、あるいは組織的な自己承認の土台がなくなってきていて、Personal Resonance、すなわち個人的な共鳴が自己の承認のために必要になってくるというようなことを言っているんですが、国会前のスピーチはそれに近いものになっていたと思います。スピーチで自分の主張を聞いてもらえることでその人の承認が得られ、聞いている人も自分と重ね合わせて共感することができる。そういう相互の承認がある。それは対話可能な存在と

＊12　カナダの代表的なコミュニタリアニズムの政治哲学者。主著に『自我の源泉——近代的アイデンティティの形成（下川潔ほか訳、名古屋大学出版会、2010年）』。

して、お互いの自由を認め合っているからこそ成り立つ。佐藤学先生も「民主主義は話す力ではなく、聴く力だ」と言っている。SEALDsのスピーチは「わたしはこう思います」という、ある種の独白です。しかしそこに聴いている人たちがいる。それがいいなあと思います。そういったものを引き出しているのは緊張感をもって真剣に聴いている人たちなんです。

日常空間を変える──新宿・伊勢丹前と梅田・ヨドバシカメラ前の意味

石川 これは〈3.11〉後の反原発デモ以来のスタイルですが、「警察とは不必要にぶつからない」というのがありますね。昔から運動をしている方たちの一部からは「警察と仲良くしやがって」とも言われましたが。

髙野 警察とぶつかっても意味がないからです。たしかに、年配者のなかには警察官を「政府の犬」と呼んでぶつかろうとする人もいますが、そもそも警察と衝突することが私たちの目的ではないわけです。警察と敵対しているところを他の人が見ていると、運動に対して警戒心が生まれて興味もなくなる。そこで運動が止まっちゃうし、広がらない。広がらないとそのイシューが社会的に認知されず、理解も共感もされず、社会的なコンセンサスを得ることもできない。デメリットしかないわけです。「雨傘」の人たちも「自分たちの目的は革命ではない」と言っていました。多分、革命って暴力ありきで勝ち取るイメージが強いからだと思います。結局、非暴力の方が自由なんです。そのうえ信用性もあるし、誠実で正直だということです。

石川 「雨傘」とSEALDsは、その動機や背景等に違いはありますが、いろいろな意味で共通点を持っているように感じます。

本間 政権に対して怒っているのはその通りですが、国会前で警察官の言うことを無視して暴動を起こすというのは違う。僕らが変えたいのはそこではない。国会前にいない人たち、来られない人たちこそが日本の政治の土台なのです。ある種のシンボルとして国会前が取り上げられるわけですが、実際には去(2015)年の夏、全国各地でデモが行われたのです。そういうありふれた場所にこそ政治の土台がある。その日常の風景を変えていかなければ意味はない。私たちはもっと地道に、タフでシリアスでリアリストにならなければならないということは感じますね。

髙野 そういう意味では計画性が必要なわけで、そこはたしかに「雨傘」と似ていると思います。面白いのは関西の状況です。大阪・梅田が国会前みたいになった。

＊13　学習院大学教授。専門は教育学。
＊14　2014年の香港の「雨傘運動」。「雨傘革命」とも呼ばれる。2017年に予定されている行政長官選挙の在り方をきっかけに展開された民主化要求運動。

大阪には国会前のような場所がなく、国会前と違って知り合いがいるかもしれないのに、梅田のヨドバシカメラ前を政治空間にしてしまった。

本間 日本の都市には市民が集まれる広場がない。その点ヨーロッパの街には広場があって、そこから大通りにいたる大行進のデモができる。だから、まずそういう空間を日本につくらないといけない。それも渋谷や新宿で。そちらの方がずっと革命的なんです。とくに新宿の伊勢丹前はすごいことになった。みんな伊勢丹に買い物に来ているのに、その日常空間が一気に政治的な空間に変わるというすごいことが起きた。

石川 まさに「一時的自律ゾーン」[*15]を連想しますね。

本間 そうです。国会前は象徴的ですが、伊勢丹前は違います。伊勢丹前では結構迷惑がられましたが、この違和感が良かった。商業的広告の中で、買い物客のいる中で、政治と日常は紙一重なんだということを示せたと思います。

髙野 伊勢丹前ではいい意味での違和感を出せました。若者のカルチャーを用いて、自分たちの生活が政治と常に隣り合わせだということを可視化できた。政治の中に生活が組み込まれていることに気づけました。

日本は20世紀的なことを克服できていない

本間 去年の夏の安保法案反対運動では、人間の身体性がキーになったと思います。縄をくぐるとか、人の波が押し寄せてくるとか、観念的なことではどうしようもない、フィジカルなものがありました。国会内でもバリケードがあったり、人間カマクラがあったりした。人間は身体的な存在だということを強く感じたのです。

髙野 フィジカルは大切。メディアで得た情報と実際に五官を使って得た情報では、その量も質も違う。身体的に自分がそこにいるということも。

本間 観念論的なスピーチと身体的にデモに集まること、どっちもありました。付け焼き刃ですが、言葉と身体どちらも大切です。頭や顔のない身体性ではだめです。

石川 身体性といえば、本書で取り上げた「失言・暴言」には、身体性がないという共通点があると思います。一言でいえば、言葉が軽過ぎる。

髙野 麻生太郎氏の「ナチスに学んだら……」[*16]という発言はすご過ぎる。ヨーロッパの人は、自分たちの文化がナチスを生み出してしまったことを絶対悪と

---

*15 アメリカの無政府主義哲学者ハキム・ベイが提唱した概念。ある空間をある時間だけ解放するが、国家権力の介入前に自ら解体し、他の場所・他の時間へ移動するというゲリラ的行動によって生まれるゾーン。ちなみに、この原語"Temporary Autonomous Zone(T.A.Z.)"は、後のSASPLのメンバーたちが2012年に結成した団体の名称にも用いられた。

*16 本書第1部失言・暴言❶参照。

して深刻にとらえている。その重みが本当の意味で日本では理解されていない。
本間 日本は20世紀的なことを克服できていない。それどころか、その問題を直視すらしていない。そのことに危機感がない。
石川 正面からモダンと向き合わないまま21世紀まで来てしまった。
本間 そのツケを今僕らが払わされている。そういったなかで僕は戦後史をちゃんと勉強したいと思っています。なぜ戦争責任を追及できなかったのか。通奏低音としての大日本帝国憲法的な日本と日本国憲法的な日本との対比が必要だと思います。新たなナショナルヒストリーです。

国家を失くすのではなく、機能させてゆく

石川 「ナショナル」といえば、奥田愛基さんの「国民なめんな」というコールについて、「国民」という言葉に違和感を覚える、「国民」という言葉は使いたくないという声が一部にありましたね。
本間 グローバル化のなかで国民国家の役割はむしろ増大しています。ナショナルな国民国家を機能させるようにしなければならない。ナショナリズムを捉え直さなければならない。大日本帝国憲法的なものと対比すると、戦後のナショナルヒストリーが70年もあることは大切です。たった70年とはいえ、やはり70年です。日本国憲法は70年間もってきたわけですから。
石川 私たち日本国民の戦後70年の経験もまんざらではない、と。
髙野 ただ、第二次世界大戦の責任追及が日本ではなされていない。同盟国であったドイツでも責任追及がなされているのに、日本ではない。それをしないのは国として無責任ですし、その無責任さが国民にも感染し、みんな変なナショナリズムにノスタルジーを求めてしがみついているように思います。
本間 僕が考えているナショナルヒストリーは民族主義的なナショナリズムとは違います。
石川 「民族」ではなく「国民」としてのナショナルですね。まずはちゃんとした国民国家をつくろうよ、と。
本間 人類として、地球規模で平和、安全、豊かさをどう実現するかということももちろん大切なんですが、グローバル化の中で国家を失くす方向ではなく、機能するものとしてゆくこと、規範論としての国家を再構築することが重要だと思います。今も国家は弱まっていないし、むしろその管理は強くなっています。しかし、国家を活かすノウハウが国民の間に発達していません。難民支援など地球市民としてやることもいいけど、国民として自分の国をきちんと使い

まわすハウツーが必要です。その意味では今の日本には「いい人」よりも「頭がいい人」が求められているんですが、そういう緊張感を持っている政治家が今の日本にはいないのです。

高野 安保法制について安倍首相がよく「大げさだ」と言っていたけど、人の命がかかっていることに大げさでないことなどないです。自衛隊員は死んでも構わないという前提で話をしている。まず自衛隊員を一人のかけがえのない国民として、個人として扱わなければならないのに、それを大げさだと言ってしまう。犠牲になっても致し方ないかのように言う。そこも含めて私たちは「国民なめんな」と言っています。

「SEALDsがんばれ」ではダメ

石川 ちょっと話題を変えます。SEALDsも含め〈3.11〉以後の運動の隆盛にSNS、とくにツイッターは不可欠でした。しかし、ツイッターはフォローされたり、リツイートされないと拡散しない。

高野 たしかにその通りですが、ツイッターでもフォロワーが徐々に増えているということを考えると、やらないよりはやった方がいいのかな、と思います。

本間 逆に言うと、一足飛びに社会は変化しない。それに、社会を変える主体としてみるとSEALDsは弱過ぎます。そうではなくて人々をエンパワーメントするというか、そこにSEALDsの役割があるのかなと思います。

高野 いろんなやり方がある。分散してやるのもありだし、集中してやるべき時もあります。「SEALDsがんばれ」と言ってくれる人は多いけど、人任せにしてヒーローが勝手に出てくることなんて、そうそうないわけです。

石川 「『SEALDsがんばれ』ではなく、お前ががんばれよ」ということですね。

高野 はい。「がんばってね」と言っている人自身ががんばらなければダメだと思います。個人が集まって国や権力と向き合わなければならないわけですから。私たちにいろんなことを言ってくる人もいるし、期待する人もいるわけですが、SEALDsとしてはそれに流されず、自分たちができることをやっていくしかないのかな、と。今は一歩一歩確認しながら進んでいる感じはあります。歯がゆいところもありますけど。

本間 ヴィクトール・エミール・フランクルが『それでも人生にイエスと言う』[*17] (山田邦男ほか訳、春秋社、1993年) の中で「楽観的な行動主義が成り立たなく

[*17] ユダヤ系オーストリア人の精神科医。アウシュヴィッツ強制収容所での体験を基にした著書『夜と霧』(邦訳、みすず書房) で知られる。

なっているが、悲観的な行動主義なら成り立つ」と言っています。それにとても共感します。よく「次の参院選（2016年7月予定）が勝負」と言われるけど、その先にもっと長い戦いがあります。参院選は重要ですが、その先を見据えて行動しています。

人間は応答的、再帰的存在である

井上 多くの人にとってはまず「日本人として」というのが初めにあります。SEALDsのメンバーはなぜそこを超えて個人に目を向けることができたのか。みなさんも同じように組体操や部活など一体感やチームワーク重視の学校生活を送ってきたと思うのですが。

高野 SEALDsのメンバーの多くはマイノリティの気持ちも理解できると思うんです。万奈ちゃん（SEALDs 芝田万奈さん）は海外に住んでいたので、周りにいろいろな人がいた。牛田くんは下町に住んでいて、やはり周りにいろいろな人がいる。愛基くんは北九州のすごいお金持ちと貧しい人たちが住む地区の境の所に住んでいた。どこに住んでいてもきれいなものばかりではない、偏りもある。同じ日本人なのになぜこんなに違うのかということに目がゆく。個人に目がゆくわけです。私自身も祖父母と暮らして介護もしているので、周りにいろいろな人がいる。私がアメリカから日本に帰ってきた時、日本人が皆同じ顔に見えました。海外では人は違うのが当たり前だし、様々なバックグラウンドの人たちとの関わりを経験しています。

本間 人間は応答的な存在で、世界や社会、規範を理解・観察し、自分の行為に合うように調整します。また再帰的な存在でもあります。[*18] 日本の文化、言語、作法がシステム的に今あるわけですが、それを変更というより調整することはできるのではないでしょうか。日本の「和を以て貴しとなす」を変えるのは難しいし、僕はそれを変えようとは思いません。これは文化だし、変化しにくいです。この中で個人を尊重できるように、倫理観と文化を調整しなければならないと思います。本質的にどうするかということと戦略的にどういう社会が可能かということは切り分けないといけない。

石川 本質に関わる問題と2016年の日本で現実に何ができるかという問題は分ける、と。

　　＊18　人間と人間は互いにコミュニケーションして影響し合い、それによってかけがえのない自己を形成し、そこからまた他者に影響を及ぼす存在であるが、それらの作用は同時並行的になされる…くらいのニュアンスである。

本間　本質論では解決できないこともあります。社会とはあるようでないし、ないようであるというか。その構造をすぱっと把握することなんてできないんですよ。それは時の経過とともに変わってゆく。その時間軸をもっと意識して戦略を立て、行動することが大事だと思います。

石川　時間軸といえば、SEALDs の刺激を受けて出てきた T-nsSOWL[19] についてはいかがですか。

髙野　いやあ、彼らは私たちよりもすごいですよ。高校生っていう特殊な集団主義の圧力にさらされている中で、相当な犠牲を払って闘っている。ただ、T-nsSOWL も新しい視点を見せることにより、常にコールやアピールの仕方も変わっています[20]。

「いま必要なのは希望じゃなくて勇気」「何かやれば何かが必ず変わる」

榎澤　最後に、お二人にとっての名言を教えてくれますか。

本間　『SEALDs 民主主義ってこれだ！』（SEALDs 編著、大月書店、2015 年）で泉智さんが引用しているエリック・ホッファーの言葉です[21]。「自己欺瞞なくして希望はないが、勇気は理性的で、あるがままにものを見る。希望は損なわれやすいが、勇気の寿命は長い。[…] 絶望的な状況を勇気によって克服するとき、人は至高の存在になる」。的を射ているというか、その通りだなと思います。そんな簡単に希望を持たない方がいい。

髙野　ペシミスティックに聞こえるけど、そうではなくて。

本間　よりオプティミスティックに、現実に行動するための方法論というか。むしろ今大切なのは勇気。

石川　なるほど。たしかに昨今の日本人はやたらと希望を持ちたがりますよね（笑）。今は勇気を持つ時だと。勇気というと命がけみたいに聞こえるけど、やっちゃえばできるというか、デモもそうだけど、やればできてしまう。

髙野　私にとっての名言は千葉くん（SEALDs 千葉泰真さん）の言葉で、「デモをして何の意味があるんだ」という問いに対する彼の答え、「そういう人は

　＊19　2015 年 7 月に高校生ら 10 代の若者が結成した安保法反対運動グループ。

　＊20　T-nsSOWL のコールで使われる言葉遣いやフレーズには今時の高校生ならではの流行を追ったものがあり、また、コールのテンポも SEALDs よりさらに速く、独自のスタイルで構成されている。それに加え、デモで使うプラカードも彼ら自身が制作しており、そのデザインも日に日に変化している。SEALDs と T-ns SOWL の年齢差・世代差は無視できない。

　＊21　本書第 1 部失言・暴言❸11 頁参照。

きっと間違え探しが苦手で、僕たちが声を上げてやってくる『明日』と、声を上げないでやってくる『明日』の違いに目が向かないか、気づけていないだけだ」というものです。何もしなければもちろん変わらない、でもどんなに小さな行動でもやれば何かが必ず変わるってことですね。周りから批判されても、私たちの起こしてきた行動は変化を生んでるんだって、すごく励まされます。

榎澤　今日一番の名言ですね。本日はどうもありがとうございました。

エピローグ

　2016年2月19日午前。オーストラリアのダーウィンでは、「第74回ダーウィン空襲式典」が行われました。1942年2月19日、日本軍はダーウィンを空襲しました。日本軍の64回の空襲で、少なくとも243人の死者、400人以上の負傷者が出ています。2016年2月17日、テレビ「THE WORLD」では、日本軍「性奴隷」（国際社会では「慰安婦」よりも一般的な表現で、テレビでもそう表現されていました）の被害者であったオランダ系オーストラリア人女性、ジャン・ラフ・オハーン氏が、「安倍首相が謝罪するまで私は死ねない」と証言していました。日本軍の行為は70年以上たった今でも忘れられていない状況を、私はダーウィンの地で確認しています。

　人類は長い歴史の中で、ときには悲劇的な出来事を引き起こしました。そうした非人道的な事件を2度と起こさないため、さまざまな「しくみ」が作られてきました。国際社会では、「われらの一生のうち二度まで言語に絶する悲哀を人類に与えた戦争の惨害から将来の世代を救」うため、「国連憲章」が制定されました。日本でも、悲惨な事件を再び繰り返さないため、「基本的人権の尊重」「平和主義」「国民主権」を基本原理とする「日本国憲法」が制定されました。

　過去の悲惨な歴史を学び、その反省を生かすことは、良い政治の実現のためには必要です。多くの政治家は歴史に学ぶ重要さを認識していました。たとえばドイツのヴァイツゼッカー大統領は1985年5月8日、有名な「荒れ野の40年演説」で、「過去の歴史に目を閉ざす者は、現在にも目を閉ざすことになる」と発言しました。この演説は世界中から賞賛されました。「74回ダーウィン空襲式典」で配布されたパンフレットでも、ダーウィン市長は「若い世代が戦争の歴史から学び、その知識を活用して平和な未来を築くことを望む」と述べています。

　ところがこうした政治家たちとは異なり、日本では、「ポツダム宣言を読んだことがない」と安倍首相が堂々と国会で発言したように、歴史を踏まえないことを恥ずかしいとも思わない政治家が政治の中心的な立場にいます。そして悲惨な歴史を繰り返さないための「しくみ」である憲法を無視・敵視する安倍首相、麻生太郎副首相、中谷防衛大臣などの政治家たちにより、お粗末な失言・暴言が繰り返されています。

本書を読んで驚くかもしれませんが、安倍首相や東大出身で元自治省官僚の礒崎陽輔元首相補佐官などの政治家は、中学生の教科書に出てくる歴史的事実すら知らないで発言を繰り返しています。

　歴史を踏まえない政治家のふるまいは、国際社会からも軽蔑の対象になります。たとえばノーザン・テリトリーニュース2016年2月19日付ですが、岸田外務大臣や中谷防衛大臣は、オーストラリアと日本両国の戦略的利益のために日本の潜水艦を購入するようにオーストラリアに働きかけているが、ダーウィン空襲に関わった4隻の空母の1つである「そうりゅう」という名前を潜水艦につけたことに関して、「潜水艦の名称にどれほど鈍感か、日本人はほとんどわかっていなかった」との、歴史家レバイス博士の発言を掲載しています。その上、これらの政治家が知らないのは「過去」だけではありません。たとえば東京オリンピック招致のため、安倍首相は福島第一原発事故に関して、「アンダーコントロール」と国際社会にむけて発言しました。本当だと思いますか？　2016年1月8日の衆議院予算委員会では、安倍首相は月収25万円のパートの例を出しました。そんなパートが日本にどのくらい存在するのでしょうか？　「非正規社員」の現状が分かっていれば、「25万円のパート」との想定はしないでしょう。自衛隊の準機関誌である朝雲2016年2月18日付「時の焦点」でも、「閣僚の思慮の浅い発言や、要領を得ない国会答弁も目に余る。北方領土の担当閣僚が『歯舞』を読めないなら、話にならるまい」と指摘されています。

　残念なことに、「過去の歴史」「日本の現状」に「目を閉ざす」政治家たちにより噴飯ものの失言・暴言が繰り返され、実際に政治が行われているのです。政治のあり方は、私たちの生活にも大きく影響します。私たちがよりよい生活を送るためには政治のあり方にも適切な知識と関心を持ち、選挙や集会、デモなどで主権者の意志を表明することが必要です。本書を通じて政治や憲法のあり方について関心と知識を持ち、主権者として政治に関わることを願ってやみません。

　最後になりますが、本書の刊行に際しては、多くの人々からご尽力を頂きました。とりわけインタビューに協力していただいた、鷹巣直美さん、西郷南海子さん、髙野千春さん、本間信和さんからは大変貴重なお話をうかがいました。さらには現代人文社の成澤壽信さんにも大変お世話になりました。この場にてお礼をさせていただきます。

2016年2月19日
　　　　　　第74回空襲式典が行なわれたダーウィンにて　飯島滋明

編者・執筆者プロフィール（五十音順）

＊印は編者

飯島滋明（いいじま・しげあき）＊
名古屋学院大学経済学部教授。1969年生まれ。専門は、憲法学、平和学、医事法。主な著作に、『Q&Aで読む日本軍事入門』（共編著、吉川弘文館、2013年）、『憲法から考える実名犯罪報道』（編著、現代人文社、2013年）、『集団的自衛権って何』（共著、七つ森書館、2014年）、『憲法未来予想図』（第3章、第8章、第16章担当、現代人文社、2014年）、『安保法制を語る 自衛隊・NGOからの発言』（編著、現代人文社、2016年）などがある。

石川裕一郎（いしかわ・ゆういちろう）
聖学院大学政治経済学部教授。1967年生まれ。専門は憲法学、比較憲法学、フランス法学。最近の著書に『現代フランス社会を知るための62章』（共著、明石書店、2010年）、『リアル憲法学〔第2版〕』（共著、法律文化社、2013年）、『フランスの憲法判例Ⅱ』（共著、信山社、2013年）『憲法未来予想図』（第9章、第15章担当、現代人文社、2014年）、『国家の論理といのちの倫理』（共著、新教出版社、2014年）などがある。

井上知樹（いのうえ・ともき）
工学院大学基礎・教養教育部門非常勤講師。1968年生まれ。専門は、憲法学（主に社会的権力論）。主な著作に、「現代組織社会における個人の諸相：個人の団体・組織・施設に対する闘争」（工学院大学共通課程研究論叢第41-1号〔2003年〕）、「個人の尊厳から見た実名犯罪報道」『憲法から考える実名犯罪報道』（現代人文社、2013年）、『憲法未来予想図』（第7章担当、現代人文社、2014年）などがある。

榎澤幸広（えのさわ・ゆきひろ）＊
名古屋学院大学現代社会学部准教授。1973年生まれ。専門は、憲法学、マイノリティと法、島嶼と法。主な著作に、「公職選挙法8条への系譜と問題点」（名古屋学院大学論集社会科学篇47(3)〔2011年〕）、「記憶の記録化と人権」石埼学=遠藤比呂通編『沈黙する人権』（法律文化社、2012年）、「日本語を話しなさい――裁判を受ける権利」ほか石埼学=押久保倫夫=笹沼弘志編『リアル憲法学〔第2版〕』（法律文化社、2013年）、『憲法未来予想図』（編著、第2章、第4章担当、現代人文社、2014年）などがある。

岡田健一郎（おかだ・けんいちろう）
高知大学人文社会科学部准教授。1980年生まれ。専門は憲法学。主な著作に、「いわゆる"Gewaltmonopol"について」憲法理論研究会編『憲法学の最先端』（憲法理論叢書17、敬文堂、2009年）、「戦後ドイツ公法学における『暴力独占』論について」（一橋法学10巻3号、2011年）、『憲法未来予想図』（第6章担当、現代人文社、2014年）などがある。

奥田喜道（おくだ・よしみち）＊
跡見学園女子大学マネジメント学部助教。1972年生まれ。専門は、憲法学、比較憲法（主にスイス憲法）。主な著作に、「福島第一原発事故後の政治システムのあり方」『政治変動と憲法理論』（憲法理論叢書19、敬文堂、2011年）、『憲法未来予想図』（編著、第5章、第11章担当、現代人文社、2014年）、『ネット社会と忘れられる権利』（編著、現代人文社、2015年）などがある。

清末愛砂（きよすえ・あいさ）
室蘭工業大学大学院工学研究科准教授。1972年生まれ。専門は、家族法、憲法学。主な著作に、「21世紀の『対テロ』戦争と女性に対する暴力」ジェンダー法学会編『講座 ジェンダーと法 第3巻 暴力からの解放』（日本加除出版、2012年）、「アフガニスタンでは、どうだったの？」戦争をさせない1000人委員会編『すぐにわかる 戦争法＝安保法制ってなに？』（七つ森書館、2015年）、「女性間の分断を乗り越えるために――女性の活躍推進政策と改憲による家族主義の復活がもたらすもの」（平和研究45〔2015年〕）などがある。

志田陽子（しだ・ようこ）
武蔵野美術大学教授。1961年生まれ。専門は、憲法学、言論法。主な著作として、『文化戦争と憲法理論』（法律文化社、2006年）、『新版　表現活動と法』（武蔵野美術大学出版局、2009年）、『映画で学ぶ憲法』（編著・法律文化社、2014年）、『表現者のための憲法入門』（武蔵野美術大学出版局、2015年）、「安全保障の岐路」宍戸常寿・佐々木弘通編『現代社会と憲法学』（弘文堂、2015年）がある。

清水雅彦（しみず・まさひこ）
日本体育大学体育学部教授。1966年生まれ。専門は、憲法学。主な著作に、『治安政策としての「安全・安心まちづくり」』（社会評論社、2007年）、「『安全・安心社会』とマスメディア」『憲法から考える実名犯罪報道』（現代人文社、2013年）、『憲法を変えて「戦争のボタン」を押しますか？』（高文研、2013年）、『憲法未来予想図』（第10章、14章担当、現代人文社、2014年）、『秘密保護法から「戦争する国」へ』（共編著、旬報社、2014年）などがある。

長峯信彦（ながみね・のぶひこ）
愛知大学法学部教授。1965年生まれ。専門は憲法学（国旗・国歌をめぐる思想良心・表現の自由。マスメディアと報道の自由など）。主な著作に、「象徴的表現（1〜4完）」（早稲田法学70巻4号〔1995年〕等）、「教師の国旗敬礼拒否・忠誠宣誓拒否（1〜3完）」（愛知大学・法経論集179号〔2008年〕等）、「権力化したメディアと表現の自由——≪権力によるメディアからの市民の自由≫と≪メディアによる　市民からの権力の自由≫」（法律時報2007年7月号「特集日本国憲法施行60年」所収）、「表現の自由の原理と実名犯罪報道——憲法とマスメディアをめぐる原点と現点」『憲法から考える実名犯罪報道』（現代人文社、2013年）、『憲法未来予想図』（第1章、12章担当、現代人文社、2014年）などがある。

松原幸恵（まつばら・ゆきえ）
山口大学教育学部准教授。1965年生まれ。専門は、憲法学、イギリス法思想史。最近の著作に、「ほっといてくれ、だけじゃ物足りない——社会権」佐藤潤一著『教養憲法入門』（敬文堂、2013年）、「人権総論」「包括的人権」倉持孝司＝小松浩編著『憲法のいま——日本・イギリス——』（敬文堂、2015年）、「イギリス憲法の『現代化』と『法の支配』論の現状——ビンガムの論説を手がかりに——」倉持孝司＝松井幸夫＝元山健編著『憲法の「現代化」——ウェストミンスター型憲法の変動——』（敬文堂、2016年）などがある。

渡邊弘（わたなべ・ひろし）
鹿児島大学教育センター准教授。1968年生まれ。専門は、憲法学、法教育論、司法制度論。公益財団法人長崎平和推進協会評議員。主な著作に『「国民の司法参加」『裁判員制度』の教育を巡る課題』『政治変動と憲法理論』（憲法理論叢書19、敬文堂、2011年）、「法を学ぶもののための法教育入門」（法学セミナー第55巻2号〔2010年〕）などがある。

これでいいのか！日本の民主主義
失言・名言から読み解く憲法

2016年5月3日　第1版第1刷発行

編著者	榎澤幸広・奥田喜道・飯島滋明
発行人	成澤壽信
発行所	株式会社現代人文社
	〒160-0004　東京都新宿区四谷2-10 八ッ橋ビル7階
	振替　00130-3-52366
	電話　03-5379-0307（代表）
	FAX　03-5379-5388
	E-Mail　henshu@genjin.jp（代表）／hanbai@genjin.jp（販売）
	Web　http://www.genjin.jp
発売所	株式会社大学図書
印刷所	株式会社ミツワ
ブックデザイン	加藤英一郎

検印省略　PRINTED IN JAPAN　ISBN978-4-87798-640-7　C0036
© 2016 Enosawa Yukihiro Okuda Yoshimichi Iijima Shigeaki

本書の一部あるいは全部を無断で複写・転載・転訳載などをすること、または磁気媒体等に入力することは、法律で認められた場合を除き、著作者および出版者の権利の侵害となりますので、これらの行為をする場合には、あらかじめ小社また編集者宛に承諾を求めてください。